südwest

ABWECHSLUNGSREICHE
REZEPTIDEEN für jeden Tag

Dagmar Kihm-Schreiber
Priv.-Doz. Dr. med. Thomas Ochsenkühn

Richtig essen bei Laktose-intoleranz

südwest

ABWECHSLUNGSREICHE
REZEPTIDEEN für jeden Tag

Dagmar Kihm-Schreiber
Priv.-Doz. Dr. med. Thomas Ochsenkühn

Richtig essen bei Laktoseintoleranz

Inhalt

Theorie

Milchfreie Produkte erleichtern die tägliche Mahlzeitengestaltung.

Die Toskanische Brot-Tomaten-Suppe steht auf Seite 38.

Rezepte

Der Hähnchensalat Honolulu von Seite 44 begeistert mit seinem feinen Geschmack.

Inhalt

Das Rezept für das Schmorkaninchen finden Sie auf Seite 78.

Die Grießrauten mit Balsamico-Kirschen verführen auf Seite 98.

Zur Unverträglichkeit von Milch

Theorie

Wer mit Bauchschmerzen auf den Verzehr von Milch reagiert, leidet meist an einer Milchunverträglichkeit, die im medizinischen Sprachgebrauch auch Laktoseintoleranz genannt wird. Da ist der Bedarf nach fachgerechten Informationen groß. Auf den folgenden Seiten werden Ursache, Bedeutung, Ausmaß, aber auch Grenzen der Milchunverträglichkeit aufgezeigt, Wissenswertes zu den Symptomen und den Diagnostikmöglichkeiten vermittelt sowie Therapien und Strategien zum Umgang mit den Beschwerden aufgeführt.

Wenn der Mensch **keine Milch** verträgt

Der Mensch und das Milchvieh haben in unseren Breiten eine gemeinsame Vergangenheit. Für die Milchwirtschaft hat der Mensch seine Landschaft verändert, Wälder gerodet, um Wiesen anzulegen und Flüsse umgeleitet, um diese zu bewässern. Bis auf 3000 Meter Höhe werden in den Alpen die Ziegen und Kühe geschickt, wo sie Terrassen getreten und das Wachstum der Pflanzen verändert haben. Milch, Butter, Sahne und Käse sind über Jahrhunderte wichtigster Lieferant von tierischem Eiweiß und Fett gewesen. Zweifelsfrei hat dieses Zusammenleben dem Menschen genutzt.

Die Laktoseintoleranz ist die häufigste Ursache für das Nichtvertragen von Milch und Milchprodukten.

Des Säuglings Nahrung

Doch dass wir uns auch nach der frühkindlichen Phase mit Milch ernähren, ist eigentlich von der Natur nicht vorgesehen. Als Folge des natürlichen Verschwindens von Milch im Speiseplan des nicht mehr gestillten jungen Menschen können etwa 4 Milliarden Erwachsene auf unserer Erde den Milchzucker – das Hauptkohlenhydrat der Milch, auch Laktose genannt –, nicht mehr normal verdauen. In vielen Ländern, hauptsächlich in Asien und Afrika, spielte die Milch traditionell früher keine Rolle und hat erst mit der Kolonialzeit, wie z. B. in Indien, Einzug gefunden. In Europa vertragen die meisten Menschen die Milch sehr gut. Dennoch haben etwa 10 bis 20 Prozent der Europäer mit der Milch und manchen Milchprodukten Probleme und verzichten auf sie aufgrund einer erlernten Vermeidungsstrategie. Blähungen, Bauchschmerzen, Durchfall, Übelkeit und Unwohlsein sind die Haupterscheinungen dieses Phänomens, das durch das Fehlen eines Enzyms im Dünndarm zustande kommt. Die normale Kuhmilch enthält immerhin 45 bis 50 Gramm Milchzucker pro Liter Milch.

Informationen für den Alltag

Wer an einer Milchunverträglichkeit leidet, sollte auf seine Ernährung achten. Einerseits, um keine Bauchbeschwerden zu haben, andererseits um sich vor allem in Bezug auf die Versorgung mit Kalzium und Eiweiß (Protein) richtig zu ernähren. Meistens genügt es, auf den Milchzuckergehalt einer Speise zu achten und Milchprodukte zu wählen, die keine oder nur noch minimale Milchzuckeranteile haben. Und wer dennoch trotz Milchzuckerunverträglichkeit auf manche Milchprodukte nicht verzichten möchte, kann sich durch die Einnahme des Enzyms Laktase helfen, das es in Drogerien rezeptfrei gibt.

Seltene Ursachen sind hier kein Thema

Auf seltene Ursachen der Milchunverträglichkeit wie den angeborenen Laktasemangel, der extrem selten ist, sowie die Allergie gegen das Eiweiß der Kuhmilch wird in diesem Ratgeber nicht eingegangen. Die Kuhmilchallergie ist schlecht nachweisbar, da es keine wirklich verlässlichen Messmethoden gibt, obwohl einige Ärzte mit den so genannten Allergietests eine Sicherheit suggerieren wollen, die aber einer medizinisch-wissenschaftlichen Grundlage entbehren. Die Unverträglichkeit von Kuhmilcheiweiß ist äußerst selten und tritt meist nur bei Säuglingen auf.

Hilfe in der Not

Dass Milch einer der besten Grundlagen zur Wiederherstellung der körperlichen Gesundheit darstellt, davon zeugen Ernährungsprogramme der WHO und der UNICEF in Hungergebieten. So hilft z. B. die Milch – oft in Form von Trockenpulver – auch in vielen Entwicklungsländern, die Säuglingssterblichkeit zu verringern.

Dass man aber als Erwachsener auf Milch verzichten kann, wenn man sich anderweitig ausgewogen ernährt, beweisen drei Viertel der Erdbevölkerung.

Nicht zu verwechseln

Die Beschwerden nach dem Verzehr von Milch können verschiedene Ursachen haben. Zwei Komponenten der Milch sind dabei unabhängig voneinander zu betrachten: das Eiweiß (Protein) und die Kohlenhydrate (umgangssprachlich oft nur Zucker genannt).

- Reagiert der Körper allergisch auf ein Eiweiß in der Milch (z. B. Lactalbumin, Lactoglobulin oder Kasein), liegt eine Kuhmilchallergie vor. Sie tritt meist bei Kindern im ersten Jahr nach der Zufütterung von Kuhmilchprodukten auf. Eine Kuhmilcheiweißallergie kommt bei Erwachsenen sehr selten vor.

- Reagiert der Körper auf den Zucker (Laktose) der Milch, liegt eine Milchzuckerunverträglichkeit (Laktoseintoleranz) vor. Die Unverträglichkeit beruht darauf, dass das Enzym Laktase, welches den Milchzucker im Dünndarm während der Verdauung spaltet, fehlt oder nur in ungenügender Menge gebildet wird. Unverdauter Milchzucker gelangt in den Dickdarm und wird dort von Darmbakterien abgebaut. Dabei entstehen Gase, die zu unangenehmen Blähungen und Durchfällen führen können.

Rezepte, die geeignet sind

Schließlich gibt es allerorts wunderbare Gerichte ohne Milch, wie viele Rezepte unserer Nachbarn in Italien, Griechenland und Spanien zeigen. Dieses Buch zeigt zudem, wie selbst bekannte, ursprünglich milchenthaltende Gerichte ohne Laktose zubereitet werden können.

Die Rolle der **Genetik**

Warum vertragen die Skandinavier die Milchprodukte besser als die Chinesen? Können unsere Gene vorhersagen, ob wir Milch vertragen? Diesen Fragen ging eine finnische Forschergruppe Anfang dieses Jahrzehnts nach, als sie nach der genetischen Ursache für die Milchzuckerunverträglichkeit suchte.

Verschlüsselte Informationen

Die Wissenschaftler fanden heraus, dass eine minimale Veränderung auf unserem zweiten Chromosomenpaar dafür verantwortlich ist, dass einige von uns den Zucker der Milch nicht vertragen. Andere, nämlich die Mehrheit der Mitteleuropäer, dagegen vertragen Laktose doch. Die Forscher fanden diese genetische Veränderung ganz in der Nähe derjenigen Stelle, die für die Bildung des Enzyms Laktase verantwortlich ist, das den Milchzucker spaltet.

Träger der Erbsubstanz

Die DNA-Ketten unserer 23 Chromosomenpaare haben unser Erbgut allein über die millionenfachen Kombinationsmöglichkeiten von vier informativen Bausteinen gespeichert. Diese heißen Adenin, Thymin,

Wichtige Begriffe kurz erklärt

Chromosomen	Sie befinden sich im Zellkern einer jeden Zelle. Sie sind die Träger der Erbinformation und bestehen aus sehr langen Strängen, der DNA.
DNA	Desoxyribonukleinsäure. Sie besteht aus Nukleotiden. Ein Nukleotid besteht aus einer Base, einem Phosphorsäuremolekül und einem Zuckermolekül (Desoxyribose). Es gibt vier verschiedene Basen, die »Buchstaben« Adenin (A), Guanin (G), Cytosin (C) und Thymin (G). Diese vier »Buchstaben« liegen im DNA-Strang aneinandergereiht und bilden darauf so genannte »Wörter«, die Gene. Jeweils zwei DNA-Stränge liegen sich gegenüber (Doppelhelix), und zwar gegenläufig. Dabei paaren sich immer die Basen A und T sowie G und C.
Gen	Abschnitt auf der DNA. Ein einzelnes Gen speichert die Information, die der Körper benötigt, um ein Protein herzustellen. Dieses führt dann zur Ausbildung eines bestimmten Merkmals des Körpers. Gene bestimmen also, wie ein Lebewesen aussehen soll.
Genom	Alle Gene eines Organismus und damit sein genetischer Bauplan. Das menschliche Genom besteht aus 3 Milliarden Basenpaaren.

Guanin und Cytosin und werden mit ihren Anfangsbuchstaben A, T, G und C abgekürzt. Menschen, die den Milchzucker vertrugen, hatten auf ihrem Chromosomenpaar Nr. 2 an der Position -13910 entweder die Kombination T/C oder T/T. Erwachsene, die ihn nicht vertrugen, hatten die Kombination C/C. Diese Kombination führt dazu, dass Erwachsene das Enzym Laktase nicht mehr produzieren.

Relikt aus alten Zeiten

Darauf folgende Studien an sehr verschiedenen Bevölkerungen zeigten, dass diese Veränderungen mit der gleichen Häufigkeit auftraten, mit der auch die Laktoseintoleranz in diesen Ländern auftrat. Somit war klar, dass hier ein altes Gen gefunden wurde, das die Menschen mit Milchviehhaltung seit archaischen Zeiten begleitet hat. Menschen in unseren Breiten haben dieses Unverträglichkeitsgen, also die Kombination C/C nur in 15 Prozent bis 20 Prozent, und in Skandinavien, wo es traditionell viel Milchwirtschaft gibt, sogar nur in 2 Prozent der Fälle. Amerikaner haben dieses Gen nur in 8 Prozent, wenn sie europäischer Abstammung sind, aber in 80 Prozent, wenn sie afrikanischer Abstammung sind.

Anpassung an die Umwelt

Es erscheint im Sinne der Evolution möglich, dass sich dieses Gen bei den Menschen, die Milchwirtschaft betrieben hatten, nicht so durchsetzen konnte, weil es seinem Träger einen Nachteil verschaffte. Bevölkerungsgruppen, welche die Milch nicht vertragen hatten, hielten sich seltener Milchvieh als jene, welche die Milch vertrugen. Letztere hatten jedoch einen evolutionären Vorteil, da sie leichter an die wichtigen Zucker, Fette, Eiweiße, Vitamine und Mineralstoffe herankamen, die in der Milch enthalten sind. Das genetische Geheimnis ist zwar noch nicht ganz aufgeklärt, da es z. B. afrikanische Völker gibt, bei denen dieser Zusammenhang nicht nachvollziehbar ist; aber für den Mittel- und Nordeuropäer konnte dieser Zusammenhang klar und eindeutig hergestellt werden. So zeigte eine darauf folgende deutsche Studie, dass von 116 Patienten, die angaben, Milchzucker nicht zu vertragen, über 90 Prozent das Unverträglichkeitsgen aufwiesen. Das Wissen um die genetische Grundlage dieser Zusammenhänge hat entscheidend dazu beigetragen, dass die Milchzuckerunverträglichkeit und die damit verbundenen Beschwerden aus dem Bereich des Spekulativen auf eine wissenschaftlich fundierte, biologische Grundlage gestellt wurden.

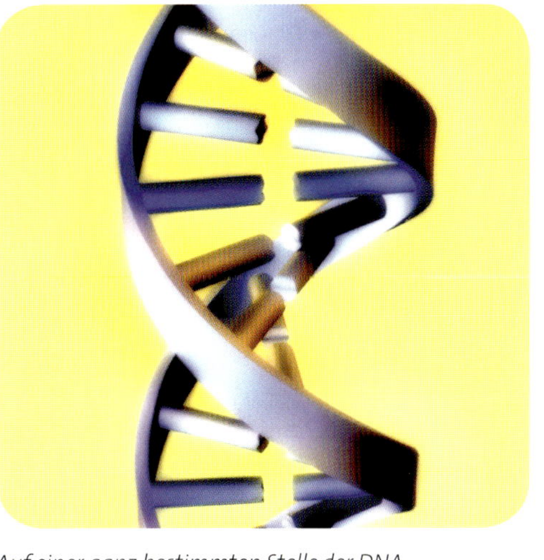

Auf einer ganz bestimmten Stelle der DNA liegt das »Unverträglichkeitsgen« für Laktase.

Sinn und Natur des **Milchzuckers**

Nach der Geburt ist die Fähigkeit, den Milchzucker zu spalten, noch bei allen Menschen vorhanden. Es ist eine der Natur des durch die Muttermilch gestillten Kindes entsprechend sinnvolle Fähigkeit. Der Milchzucker deckt zu diesem Zeitpunkt fast die Hälfte des täglichen Kalorienbedarfs. Bald danach jedoch, bis etwa zum fünften Lebensjahr, verliert sich diese Fähigkeit bei drei Viertel der Weltbevölkerung.

Kohlenhydrate in der Kost

Im Erwachsenenalter nimmt der durchschnittliche Mensch dann täglich mit der Nahrung etwa 300 Gramm Kohlenhydrate auf, darunter aber nur noch etwa 15 Gramm Milchzucker. Über die Hälfte unserer Kohlenhydrate nehmen wir übrigens in Form von Stärke zu uns, meist als Kartoffeln und Getreide. Stärke wird erst im Laufe der Verdauung in ihre Einzelbausteine, die Einfachzucker, zerlegt und lässt dadurch den Blutzuckerspiegel nur langsam ansteigen. Ein Drittel der Kohlenhydrate nehmen wir in Form von Rohrzucker zu uns, der schnell ins Blut eintritt. Leider nimmt der Zuckeranteil in unserer Nahrung immer mehr zu und bereitet so Übergewicht und dem Diabetes mellitus, der »Zuckerkrankheit«, den Weg.

Zweifachzucker

Der Rohrzucker, der auch Saccharose genannt wird, ist ebenso wie der Milchzucker, die Laktose, ein Disaccharid, also

Bezeichnungen und Vorkommen der Kohlenhydrate in Lebensmitteln

Fachsprache	deutsche Namen	Vorkommen
Monosaccharide		
Glukose	Traubenzucker	Obst, Gemüse Honig
Fruktose	Fruchtzucker	Obst, Gemüse, Honig
Galaktose	Schleimzucker	wird aus Laktose freigesetzt
Disaccharide		
Saccharose	Rohrzucker	Obst, Zuckerrüben, Zuckerrohr
Laktose	Milchzucker	Milch, Milchprodukte
Polysaccharide		
Amylose, Amylopektin		Stärke, Getreide, Kartoffeln
Glykogen	tierische Stärke	Muskelfleisch, Leber

ein Molekül, das aus zwei Einzelzuckern besteht. Disaccharide muss der Körper erst durch eigene Enzyme spalten, bevor er sie aufnehmen kann. Im Falle des Rohrzuckers ist das bei allen gesunden Menschen ohne Problem ein Leben lang möglich, im Falle des Milchzuckers eben nicht.

Der Darm unter der Lupe

Der Ort, wo der Milchzucker gespalten wird, ist der Bürstensaum der Dünndarmzellen. Dort sitzt das Enzym Laktase, das die aufgenommene Laktose in die beiden Einzelzucker Galaktose und Glukose spaltet, die dann vom Dünndarm leicht aufgenommen werden können. Und genau an diesem Ort liegt die Erklärung, warum manche Menschen den Milchzucker nicht vertragen. Bei ihnen fehlt an dieser Stelle das Enzym Laktase, so dass sich der unverdaute Milchzucker im Verdauungsstrom weiter bewegt und schnell, zum Teil schon nach 15 Minuten, den Dickdarm erreicht. Dort wird der Milchzucker durch die normalen Darmbakterien unter anderen in Wasserstoff, verschiedene Gase sowie kurzkettige Fettsäuren gespalten. Die Fettsäuren wiederum können im Gegensatz zum Milchzucker vom Dickdarm aufgenommen werden. Auf diesem Weg kann auch der erwachsene Mensch, der den Milchzucker nicht spalten kann, zumindest einen Teil des Milchzuckers für die Energiegewinnung nutzen.

Unangenehme Begleiterscheinungen

Der Nachteil dieser Art der Verwertung von Milchzucker ist, dass der Körper mit großen Mengen unnatürlicher Stoffwechselprodukte konfrontiert ist. Wasserstoff, der im Darm als Gas auftritt, sowie die anderen Gase stellen die Grundlage der Blähungen dar. Die hohen Mengen an Milchzucker ziehen wiederum Flüssigkeit an, was ebenfalls Durchfälle verursachen kann. Wahrscheinlich üben auch die Fettsäuren einen chemischen Reiz auf die Darmschleimhaut aus, die darauf, wie bei allen Darmentzündungen, mit der Abgabe von Körperwasser in den Stuhl antwortet.

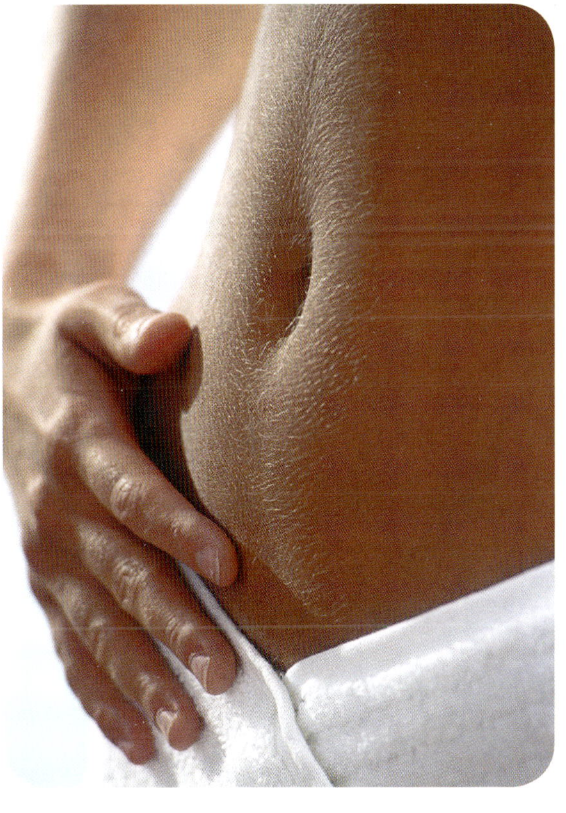

Unsere Darmflora ist ein wichtiger Teil unseres Abwehrsystems gegen Krankheitserreger. Die Darmbakterien, von denen wir zahlenmäßig mehr als Körperzellen besitzen, helfen im Dickdarm bei der Verdauung.

Laktoseintoleranz genauer betrachtet

Als primären Laktasemangel bezeichnet man in der Medizin die im Erbgut verankerte Schwäche, das Enzym Laktase zu bilden. Daneben gibt es noch den erworbenen Enzymmangel, der auch sekundärer Laktasemangel genannt wird.

Die Ursache liegt im Darm

Im Gegensatz zum primären Laktasemangel, bei dem das Gen vorschreibt, dass keine Laktase mehr gebildet wird, ist der sekundäre Laktasemangel durch die Zerstörung von Zotten im Dünndarm bedingt. Diese Zotten enthalten im Bürstensaum die Zellen, die das Enzym produzieren. Wenn die Zotten z.B. im Rahmen eines bakteriellen Darminfektes entzündlich angegriffen werden, gehen sie zugrunde und können am Verdauungsprozess nicht mehr teilnehmen. Dabei fehlen nicht nur die Laktase, sondern auch viele andere Enzyme und Verdauungsvermittler, die für den Stoffwechsel wichtig wären. Der Patient leidet unter Blähungen, Schmerzen, Durchfällen und manchmal auch Fieber und schwerem Krankheitsgefühl. Der sekundäre Enzymmangel kann auch im Rahmen von chronisch entzündlichen Darmerkrankungen, wie dem Morbus Crohn oder der Sprue auftreten, die durch eine Allergie gegen das Gluten, den Getreidekleber, zustande kommt.

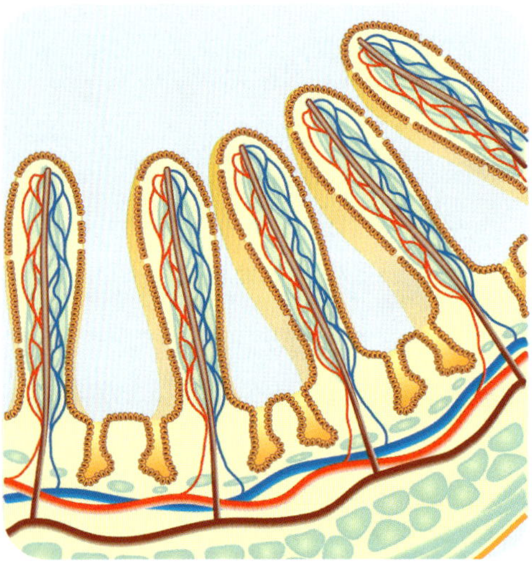

In den Spitzen der Darmzotten wird das Enzym Laktase gebildet. Gehen sie ein, versiegt die Produktion.

Langsame Genesung

Interessanterweise erholt sich nach so einer Entzündung die Fähigkeit der Dünndarmzellen, wieder Laktase zu bilden, am langsamsten von allen Verdauungsfunktionen. Die Patienten bemerken das an einer anhaltenden Laktoseintoleranz noch Monate nach Abklingen der Entzündung.

Die häufigsten Beschwerden

Blähungen, Bauchschmerzen, Durchfall, Übelkeit und Unwohlsein sind die Hauptsymptome der Milchzuckerunverträglichkeit. Der Bauchschmerz ist meist von krampfartiger Natur, taucht zeitnah zur Nahrungsaufnahme auf, da der Milchzucker etwa 15 bis 45 Minuten nach dem Verzehr die Bakterien im Dickdarm erreicht. Der Schmerz ist meistens in der Nabelgegend lokalisiert oder im Unterbauch. Man hört oft typische Darmgeräusche, die durch die Verschiebung der Gase aufgrund der natürlichen Peristaltik – also der Muskelbewegungen des Darmschlauchs, die den Speisebrei normalerweise hin- und herschieben – zustande kommen. Das was der Mensch unter Blähungen versteht, ist eigentlich die Anwesenheit von zu großen Mengen an Gasen im Darm. Oft führen die Darmgase zu einem unangenehmen Stuhldrang. Die Durchfälle können voluminös sein, manchmal sogar schaumig und zum Teil auch wässrig, was aber eher selten ist.

Bekannt als Abführmittel

Dieser abführende Aspekt des Milchzuckers wurde früh erkannt und schon lange vor der Entwicklung moderner Medikamente als Abführmittel bei Verstopfung eingesetzt. Der Milchzucker wird nach wie vor in Drogerien und Apotheken als Abführmittel verkauft, da er wohlschmeckend ist und früher als gesundes Hausmittel galt. Solch große Mengen an Milchzucker, die hierbei verabreicht werden, kann selbst ein Mensch mit erhaltener Enzymtätigkeit nicht mehr aufnehmen, so dass es über den soeben beschriebenen Mechanismus zu einer Beschleunigung der Darmpassage kommt. Ein weiterer Nebeneffekt ist der hohe Anteil an Glukose, also Traubenzucker, der bei dieser Abführmaßnahme aus dem Milchzucker freigesetzt wird und damit den Organismus, z. B. bei einer Veranlagung zum Diabetes mellitus, überfordern kann.

Einfluss der Nahrung

Studien haben gezeigt, dass bei Menschen mit Milchzuckerunverträglichkeit die Symptome weniger schlimm auftreten, wenn die Milchprodukte zusammen mit kräftiger oder fettreicher Nahrung aufgenommen werden. Wahrscheinlich wird durch diese Speisen die Magen-Darm-Passage verlangsamt und somit der Abstrom des Milchzuckers zum Dickdarm gebremst. Andere Studien an Patienten mit erwiesener Unverträglichkeit haben Hinweise erbracht, dass sich der Körper an den Milchzucker gewöhnen kann, wenn dieser kontinuierlich gegeben und vor allem langsam gesteigert wird. Wahrscheinlich adaptiert sich die Darmflora an die höheren Milchzuckermengen.

Noch erträgliche Mengen

Eine interessante Studie kommt aus China, wo fast alle Menschen nach der Kindheit die Fähigkeit verlieren, den Milchzucker zu spalten. Es wurden Personen untersucht, die nach Aufnahme von Milchzucker schwere Symptome entwickelten. Es galt, die Menge an Milchzucker herauszufinden, die notwendig ist, um Symptome zu erzeugen. Erstaunlicherweise kam dabei heraus, dass bis zu 6 Gramm Milchzucker von den meisten Probanden problemlos vertragen wurden. 6 Gramm Milchzucker sind in etwa 125 bis 130 Milliliter Milch enthalten. Eine andere Studie kam zu dem Ergebnis, dass sogar 240 Milliliter Milch problemlos von Menschen mit Milchzuckerunverträglichkeit vertragen werden. Wurde Milch zu zwei verschiedenen Zeitpunkten zusammen mit einer festen Mahlzeit eingenommen, vertrugen diese Probanden in einer weiteren Untersuchung sogar 480 Milliliter Milch pro Tag. Die Ergebnisse dieser Studien sind von besonderer Bedeutung, da manche Patienten Angst vor geringen Mengen Milchzucker haben.

Laktose in der Industrie

Laktose ist ein für die Lebensmittelindustrie wertvolles Nebenprodukt der Käseherstellung. Es ist billig, entsteht in großen Mengen und weist viele chemische technologische Eigenschaften auf. Bei der Käseherstellung wird Milch durch Lab und Milchsäurebakterien zum Gerinnen gebracht. Dabei trennt sich der feste, aus Kasein, Kalzium und Fett bestehende Käsebruch von der flüssigen, Laktose enthaltenden Molke.

- Laktose besitzt ein hohes Wasserbindungsvermögen und wird deshalb als Bindemittel in Lebensmitteln und Medikamenten eingesetzt. Bei Joghurt bewirkt Milchzucker z. B. eine höhere Festigkeit, bei fettreduzierten Produkten ein höheres Volumen.
- Laktose reagiert mit Eiweißen und bildet dadurch Geschmacksstoffe und Bräunungseffekte, die bei Backwaren erwünscht sind.
- Laktose wird als Trägerstoff für Aromen, Gewürze und Geschmacksverstärker geschätzt.
- Laktose dient als Trägersubstanz für Tabletten, auch in Süßstofftabletten. Sogar Zahnpasta kann Laktose enthalten.

Laktose nicht nur in Milch

Milchzucker ist als billiges und leicht herzustellendes Produkt in Nahrungsmitteln oder Medikamenten enthalten, wo wir ihn zunächst nicht vermuten würden. Sehr viele Tabletten enthalten Milchzucker als Trägersubstanz. Milchzucker wird in die Wurst gegeben, da er Geschmack und Konsistenz positiv beeinflusst; in 100 Gramm Aufschnitt können zwischen 1 und 4 Gramm Milchzucker enthalten sein. Paniermehl, Bonbons, Backmischungen, Dosenwaren, Trockengerichte, Gewürze und Pflanzenfette enthalten sehr oft Milchzucker als Beigabe. Das heißt, wenn wir diese Nahrungsmittel nicht in zu großen Mengen zu uns nehmen, werden die Mengen, ab denen wir Probleme mit dem Milchzucker bekommen, meist nicht überschritten.

Auf die Menge kommt es an

Die oft gehörte und in der Laienpresse immer wieder gelesene Aussage, dass man auf den Milchzucker »allergisch« sei und schon bei der Aufnahme von Spuren dieses Zuckers, wie z. B. in einer Vitamintablette, Symptome bekäme, entbehrt einer medizinischen Grundlage. Diesbezüglich interessant ist die zuvor erwähnte Untersuchung eines Expositionsversuchs mit Milch. Als Patienten mit nachgewiesener Milchunverträglichkeit ein Glas Milch vorgesetzt bekamen, das entweder Milchzucker oder keinen Milchzucker enthielt und im Geschmack durch Süßstoffbeigabe nicht unterscheidbar war, bemerkten sie keine Unterschiede im Auftreten von Symptomen. Zusammengefasst scheint die alte Weisheit »dosis facit venenum«, dass also die Dosis für die Wirkung entscheidend ist, auch hier zuzutreffen.

Exakte Diagnose ist sinnvoll

Andererseits haben Arbeiten gezeigt, dass Patienten, die angaben, Milch zu vertragen, aber an den so genannten irritablen Darmbeschwerden litten, ebenfalls von einer milchzuckerfreien Langzeitdiät profitieren

Für den täglichen Kaffeegenuss bietet sich milchfreier Kaffeeweißer auf Sojabasis statt Milch an.

konnten. Weitere Studien hingegen haben gezeigt, dass gerade die Verdauungssymptome einer starken psychischen Beeinflussung, wenn nicht sogar Kontrolle unterliegen. So hat eine wichtige Veröffentlichung vor einigen Jahren gezeigt, dass die meisten Nervenbotensubstanzen nicht im Hirn freigesetzt und aktiv sind, sondern im Darm.

Schnelle Erkenntnis hilft

Gastroenterologische Spezialambulanzen sehen viele Patienten mit unspezifischen Bauchbeschwerden, die sie quälen und von einem Arzt zum anderen treiben, weil »nichts Organisches« gefunden wurde. Einem Teil dieser Patienten kann aber geholfen werden, wenn frühzeitig der Nachweis einer Milchzuckerunverträglichkeit geführt wird. Denn spätestens seit klar ist, dass es eine genetische Konstellation gibt, die zur Milchzuckerunverträglichkeit prädisponiert, wissen wir, dass wir bei 10 bis 15 Prozent der Menschen in Europa Symptome nach dem Genuss von Milch erwarten können.

Protokoll zur Beobachtung

Auf der Suche nach der eigenen Toleranzschwelle für Laktose kann ein Tagebuch helfen. Darin sollte jedes verzehrte Lebensmittel aufgeführt werden sowie die Beschwerden, die danach auftreten. Je genauer so ein Protokoll mit Angabe von Datum, Uhrzeit, Menge und Besonderheiten geführt wird, desto schneller kann man daraus Schlüsse ziehen.

Nachweis der Laktoseintoleranz

Wenn der Patient und sein Arzt das Gefühl haben, dass nach dem Genuss von Milchprodukten Symptome einer Unverträglichkeit auftreten, sollte der Verdacht auf einen Laktasemangel geäußert werden, also ein Mangel des für die Spaltung des Milchzuckers wichtigen Enzyms. Zudem sollten entsprechende Tests veranlasst werden. Hierzu gibt es mehrere Möglichkeiten.

Gentest

Das modernste Nachweisverfahren ist der Gentest, der die auf Seite 13 ausgeführte genetische Variante auf Chromosom Nummer 2 aufspürt. Viele Labors bieten inzwischen den Test an, und einige Firmen haben hierfür spezielle Testverfahren entwickelt. Wie bei allen DNA-Testverfahren ist es notwendig, dass Körperzellen mit Zellkernen bereitgestellt werden, in denen sich das DNA-Material befindet. Das funktioniert meist über Blutproben oder über Abstriche, z. B. von der Wangenschleimhaut, die noch viele intakte Zellen trägt. Wie bei allen genetischen Untersuchungen ist zusätzlich zur Probenabgabe ein schriftliches Einverständnis abzugeben, in dem der Untersuchung des Erbguts zugestimmt wird.

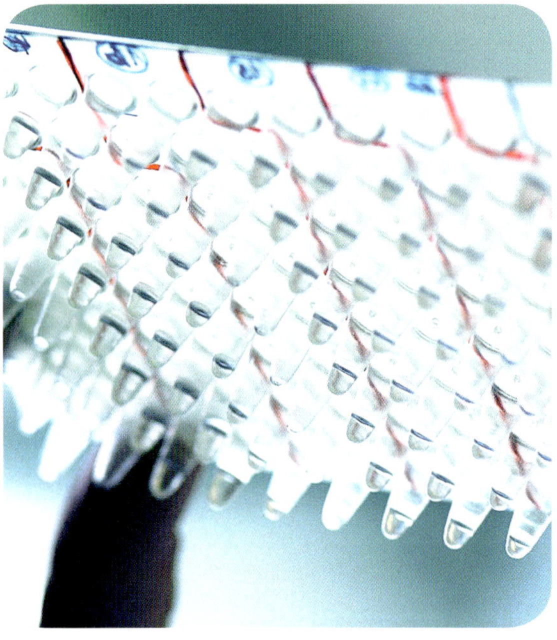

Die Laborforschung erfordert Arbeit im Detail und kommt mit kleinen Probenmengen aus.

Zunehmende Bedeutung

Noch ist dieses junge Testverfahren recht teuer, und der Patient muss die Untersuchung selbst bezahlen. Es ist aber zu erwarten, dass die Nachfrage nach dem Gentest ansteigen wird, dieser dann billiger angeboten und langfristig von den Kassen erstattet werden wird, zumal der momentane Standardtest (Wasserstoff-Atemtest) auch nicht gerade billig ist. Untersuchungen haben gezeigt, dass die Sensitivität und die Spezifität des Gentests mit jeweils über 90 Prozent sehr gut sind. Beide Größen sind ein Maßstab dafür, wie genau ein Test den Nachweis bzw. den Ausschluss eines Laktasemangels führen kann. So fand sich in einer Studie mit deutschen Patienten, die glaubten, eine Milchzuckerunverträglichkeit zu haben, die aber nachgewiesenermaßen das Enzym noch produzierten, die Genvariante in nur 2 von 50 Fällen. Die hierbei angewandte Kontrollmethode zum Ausschluss des Laktasemangels war der zurzeit als Goldstandard angesehene Wasserstoff-Atemtest, der von den meisten Ärzten und Magen-Darm-Zentren bevorzugt wird.

Wasserstoff-Atemtest

Der Wasserstoff-Atemtest ist günstiger, schnell, leicht anwendbar und führt sofort zu einem Ergebnis. Einzige Voraussetzung hierfür ist die Anschaffung eines Messgeräts, das den Wasserstoffgehalt in der Ausatemluft über eine sensible Elektrode bestimmen kann. Der Atemtest nutzt die bei der Spaltung des Milchzuckers durch die Bakterien im Dickdarm freigesetzte Wasserstoffgasbildung. Eine definierte Menge Milchzucker, meist 25 bis 50 Gramm, wird dem Patienten in Wasser gelöst zum Trinken gegeben und erreicht dann im Fall des Enzymmangels den Dickdarm. Das daraus gebildete Gas wird schließlich vom Dickdarm ins Blut aufgenommen und von dort über die Lunge in die Atemluft abgegeben. Darin kann das Wasserstoffgas dann mit sehr sensiblen Sensoren nachgewiesen werden. Ist der Test positiv, findet sich nach 15 bis 30 Minuten der typische Anstieg der Wasserstoffkonzentration in der Atemluft, der einen Enzymmangel beweist und damit das Vorliegen einer Milchzuckerunverträglichkeit als Ursache für die angegebenen Beschwerden sehr wahrscheinlich macht. Insgesamt sind Sensitivität und Spezifität exzellent. Interessanterweise finden sich aber hin und wieder auch Patienten, die einen positiven Wasserstoff-Atemtest aufweisen und keinerlei Symptome bemerken, was zeigt, dass die Verarbeitung von Schmerzreizen und chemischen Reizen im Verdauungstrakt sehr individuell vonstatten gehen kann.

Absorptions- und Toleranztest

Eine weitere und vor allem die preisgünstigste Nachweismethode für das Vorliegen eines Enzymmangels bei einer Laktoseintoleranz ist der Absorptions- und Toleranztest. Dabei werden 25 bis 50 Gramm Milchzucker in Wasser gelöst und dem Patienten zum Trinken gegeben. Später wird dem Betroffenen dann Blut abgenommen. Besitzt der Patient das Enzym, kann er den Milchzucker spalten, und es entsteht daraus zur Hälfte Glukose. Diese wird vom Dünndarm schnell aufgenommen und erscheint als typischer Anstieg im Blutzuckerspiegel, der laborchemisch leicht messbar ist. Patienten mit einer Milchunverträglichkeit aufgrund eines Laktasemangels haben diesen Anstieg nicht, da sie den Milchzucker nicht in die Glukose spalten können. Der Test ist etwas ungenau, er hat nur eine Sensitivität von 75 Prozent, d. h. in 25 Prozent der Fälle kann ein bestehender Enzymmangel nicht nachgewiesen werden.

Ein Blick in die Zukunft

Wahrscheinlich wird der Atemtest zum Nachweis einer Laktoseintoleranz noch eine Zeit lang eingesetzt werden. Wenn die sehr guten Erfahrungen mit dem Gentest aber in größeren Studien bestätigt werden, ist zu erwarten, dass der Gentest sehr stark an Bedeutung zunehmen wird. Ein wichtiges Argument für den Gentest ist die Tatsache, dass die Patienten für den Test keinen Milchzucker trinken müssen, und damit die Substanz vermeiden können, die ihnen Beschwerden bereitet.

Was tun bei **Laktasemangel**?

Wenn das Fehlen des Enzyms nachgewiesen wurde und die Beschwerden auch auf eine Milchzuckerunverträglichkeit hindeuten, sollte man zunächst einmal für kurze Zeit Milchprodukte und Milchzucker konsequent meiden. Wenn die Beschwerden bestehen bleiben, ist die Milchzuckerunverträglichkeit nicht die Ursache dafür. Wenn aber eine Besserung eintritt, sollte in einem nächsten Schritt herausgefunden werden, welche Mengen man gerade noch verträgt.

Persönliche Toleranzgrenze austesten

Wie zuvor schon erwähnt, tolerieren die meisten Patienten mindestens 5 bis 6 Gramm Milchzucker, die z. B. in etwa 125 Milliliter Milch oder 150 Gramm Hüttenkäse enthalten sind. In der Tabelle auf S. 25 sind zur Orientierung die Milchzuckermengen angegeben, die verschiedene Milchprodukte enthalten. Meistens kann man für sich akzeptable Mengen definieren. Kondensmilch ist übrigens mit 9 Gramm pro 100 Milliliter der Spitzenreiter. Molke, die die flüssige Grundlage vieler Fertiggetränke bildet und häufig mit dem Attribut »gesund« verkauft wird, enthält ebenfalls fast 5 Gramm Laktose pro 100 Milliliter. Bei Käse kann man von der Faustregel »je älter und fetter, desto weniger Milchzucker«, ausgehen. Ausnahme ist der Mozzarella, der nur Spuren von Milchzucker enthält, ebenso Emmentaler, Edamer, Gouda, Limburger, Romadur oder Gruyère/Greyerzer.

Kleiner Test zu Hause

Die laktosefreie Milch kann dazu benutzt werden, um zu unterscheiden, ob eine Unverträglichkeit gegen Milchzucker oder gegen das Eiweiß der Kuhmilch besteht.

Enzyme aus Drogerie und Apotheke

Wem die Rechnerei zu umständlich ist oder wer ab und zu auf milchzuckerhaltige Produkte, wie beispielsweise ein Glas frische Vollmilch, nicht verzichten möchte, der kann sich das milchzuckerspaltende Enzym auch in einer Drogerie oder einer Apotheke besorgen. Mehrere Hersteller bieten das Enzym Laktase inzwischen an, zum Teil in unterschiedlicher Qualität. Die notwendige Menge sollten die von der Laktoseintoleranz Betroffenen selbst für sich herausfinden. Die Kapseln oder Tabletten können dann zu den Mahlzeiten eingenommen werden, vermischen sich im Magen mit den Milchprodukten, und spalten den Milchzucker. Einige Patienten berichten von einem guten Ergebnis, wenn der Inhalt der Kapseln einige Zeit vor dem Genuss im Milchprodukt aufgelöst wird. Bei Unsicherheit sollte die Einnahme solcher Präparate mit dem behandelnden Arzt abgesprochen werden.

Milchfreie Lebensmittel im Handel

Wer den Milchzucker nicht verträgt, aber dennoch Milch trinken möchte, kann sich laktosefreie Milch kaufen, die es in Bioläden, Reformhäusern und inzwischen sogar in Supermärkten gibt. In den vergangenen Jahren haben diverse Hersteller ihr Angebot an milchfreien und laktosefreien Lebensmitteln erweitert. So kann man heute beispielsweise auf laktosefreie Butter, laktosefreie Margarine, laktosefreien Kakao und andere Produkte zurückgreifen, wie die Liste auf Seite 125 zeigt.

Zeitweiliger Verzicht

Bei Kindern mit dem atopischen Ekzem – auch Neurodermitis genannt, einer Krankheit, bei der die Haut juckt, gerötet und geschwollen ist sowie trockenen Schorf aufweist – ist der Wechsel von Kuhmilch auf Ziegenmilch z. B. als sinnvoller Schritt empfohlen. Ein Verzicht auf Milchprodukte und ein Wiederauftreten von Beschwerden bei erneuter Gabe lassen die Diagnose vermuten und sollten beim Arzt weiter abgeklärt werden. In diesem Falle oder in dem Falle, dass auch kleine Mengen Milchzucker Beschwerden machen, was ebenfalls eine absolute Rarität darstellt, hilft nur der vollständige Verzicht auf Milch- und Milchzuckerprodukte. Heilt bei Erwachsenen eine mögliche Grunderkrankung ab, kann man in kleinen Schritten wieder versuchen, ob man Laktose in geringen Mengen wieder verträgt.

Ganz am Rande

Zwei Untersuchungen in Bezug auf Ernährungsverhalten lassen aufhorchen. Mäuse und Affen, die entweder soviel essen konnten, wie sie wollten oder 30 Prozent weniger als andere bekamen, zeigten mittel- und langfristig einen deutlichen Unterschied: Die Tiere, die weniger bekamen, waren signifikant gesünder und wurden deutlich älter als die, die soviel essen konnten, wie sie wollten. Das sollte uns zu denken geben.

Vernunft einschalten

Man sollte sich bei der Nahrungsaufnahme immer dessen bewusst sein, dass alles, was wir essen und trinken, für unseren Verdauungstrakt eine Herausforderung darstellt. Körperfremde Eiweiße, Kohlenhydrate, Fette und Ballaststoffe, Gifte und Mikroben treten in Kontakt mit unserer Schleimhaut, die gelernt hat, damit umzugehen, indem sie entweder Toleranzen oder Abwehrmaßnahmen gegen diese Stoffe entwickelt hat. Bei einem gesunden Menschen herrscht ein Gleichgewicht zwischen Abwehr und Toleranz, und es verwundert einen manchmal, dass wir das, was wir alles essen, überhaupt vertragen.

Als Ersatz für herkömmliche Milchprodukte dienen unter anderem Produkte aus Hafer, Reis und Soja.

Ernährung **ohne Milch**

Wer Milchprodukte nicht verträgt, Milchzucker auch in geringen Mengen nicht verträgt oder sich entschlossen hat, keine Milchprodukte zu sich zu nehmen, muss sich im Klaren darüber sein, dass er sich eine andere Quelle wichtiger in der Milch enthaltener Nahrungsbestandteile suchen muss. Nicht umsonst hat die Natur den Säuglingen in der Milch ein Gemisch bereitgestellt, das sie mit den wichtigsten Dingen versorgt, die sie brauchen, um sich gesund zu entwickeln.

Kalzium

An erster Stelle muss die Versorgung mit Kalzium beachtet werden. Kalzium ist einer der wichtigsten Mineralstoffe, um einen gesunden Knochenbau aufrecht zu halten. Der Aufbau des Knochengewebes erfolgt im Kindes- und Jugendalter, weshalb in diesem Zeitraum eine gute Kalziumversorgung in Kombination mit regelmäßiger Bewegung vonnöten ist, um eine optimale Knochengewebsdichte zu erreichen. Der Bedarf an täglicher Kalziumzufuhr muss das ganze Leben lang gedeckt werden, um das Krankheitsbild der Osteoporose im Alter und die Vorstufe Osteoponie zu vermeiden. Dabei nimmt die Knochensubstanz ab und die Knochen werden brüchig. Vor allem Frauen nach den Wechseljahren sind durch Unterversorgung mit Kalzium, Hormon- und Bewegungsmangel durch Stürze gefährdet, bei denen Knochen brechen und sich z.B beim Hüftgelenk oder im Oberschenkel gravierende Folgen einstellen können.

Wortursprung

Die lateinischen Namen »lac« für Milch und »tolerare« für ertragen besagen, dass man Milch bzw. Milchzucker (Laktose) tolerieren muss. Ist dies nicht der Fall, liegt eine Laktoseintoleranz vor.

Milch ist schwer zu ersetzen

Neben Vitamin D – das im Zusammenspiel mit Kalzium und Phosphat den Knochenhaushalt beeinflusst – ist es also vor allem wichtig, den täglichen Bedarf an Kalzium zu decken, der in etwas mehr als einem halben Liter Milch enthalten ist. Gemüse wie Grünkohl, Fenchel, Brokkoli und Spinat haben vergleichsweise hohe Mengen an Kalzium. Um aber den Tagesbedarf an Kalzium mit Gemüse zu decken, müsste man bereits über 600 Gramm Spinat, 400 Gramm Grünkohl oder 750 Gramm Brokkoli essen. Fleisch enthält wenig Kalzium. Milchprodukte sind demnach als Kalziumquelle nur schwer zu ersetzen. Kalziumtabletten, die inzwischen auch im Discounter erhältlich sind, bieten hier eine mögliche Alternative. Oft enthalten diese Tabletten aber Laktose als Trägersubstanzen.

Kalziumangereichte Getränke

Eine praktische Möglichkeit, ausreichend Kalzium zuzuführen, ist die Aufnahme von Mineralwasser oder ungesüßten Fruchtsäften, die mit Kalzium angereichert sind.

Ein Mineralwasser gilt als kalziumreich, wenn es mehr als 300 Milligramm Kalzium pro Liter enthält.

Hochwertiges Eiweiß

Wer auf Milch verzichtet, muss auch daran denken, dass in einem Liter Milch etwa 35 Gramm Eiweiß enthalten sind, etwa soviel wie in 120 Gramm Emmentaler. Wenn diese Eiweißquellen entfallen, müssen sie anderweitig ersetzt werden.

Käse und Sauermilchprodukte

Zuweilen werden auch Hart-, Schnitt- und Weichkäse vertragen, da während ihrer Reifung Milchzucker abgebaut wird. Manche Betroffene vertragen sogar geringe Mengen an Sauermilchprodukten mit lebenden Kulturen. In diesen Produkten sind lebende Bakterien enthalten, die selbst das Enzym Laktase besitzen und deshalb in der Lage sind, noch im Darm erhebliche Mengen an Milchzucker abzubauen.

Keine Pauschalempfehlung

Je nach Schweregrad der Laktoseintoleranz muss eine laktosefreie bzw. -arme Kost aufgenommen werden. Es ist kaum möglich, allgemeingültige Empfehlungen zu geben, wie viel Milchzucker ein Betroffener verträgt, da jeder Mensch individuell reagiert. Zum Teil werden geringe Mengen Milch vertragen, sofern sie über den Tag verteilt aufgenommen werden. Am besten ist es, möglichst oft selbst aus frischen Zutaten zu kochen, da weiß man, was enthalten ist.

Dieses wunderbare Kochbuch wird Ihnen zeigen, dass Milchprodukte zur Freude am Essen nicht nötig sind. Zum Schluss und unabhängig von medizinischen Gesichtspunkten sei bemerkt, dass die Fette, Eiweiße und Zucker der Milch ihren eigenen Geschmack haben, der sich natürlich aufs Essen überträgt. Und über den Geschmack entscheidet jeder immer noch selbst. Probieren Sie es aus, kochen Sie mal ohne Milch.

Gehalt an Milchzucker pro 100 Gramm

Milchschokolade	9,5 g
Kondensmilch	9 g
Ziegenmilch	4,75 g
Molke	4,75 g
Fettarme Milch	4,5 g
Vollmilch	4,5 g
Buttermilch	4 g
Süße Sahne	4 g
Kefir	4 g
Rahmfrischkäse	3,5 g
Crème fraîche	3,5 g
Hüttenkäse	3,5 g
Joghurt, fettarm	3,5 g
Joghurt, normal	3 g
Saure Sahne	3 g
Quark	2,75 g
Butter	0,5 g
Feta	0,5 g
Camembert	0,1 g
Parmesan	0,1 g
Appenzeller	0

Von Anfang an

Vorspeisen und kleine Gerichte

Der einfachste Weg, Spuren von Laktose in der Nahrung zu vermeiden, ist selbst zu kochen: Mit frischen Produkten, die keine Zusatzstoffe oder Geschmacksverstärker enthalten. Das betrifft alle Mahlzeiten am Tag, ob kleine oder große Portionen, alltägliche oder raffinierte Speisen. Die folgenden Seiten zeigen eine feine Auswahl an Gerichten für den kleinen Hunger.

Melonensalat mit **Parmaschinken**

Zutaten
für 4 Personen

1 Galia- oder Ogenmelone
2 EL Orangensaft
1 EL Zitronensaft
2 cl Orangenlikör
grüner Pfeffer
200 g Parmaschinken
(ca. 12 Scheiben)

1 Die Melone halbieren und die Kerne entfernen. Mit einem Kugelausstecher das Fruchtfleisch in Kugeln herauslösen und in eine Schüssel geben.

2 Säfte und Likör mischen und über die Melonenkugeln geben. Die Schüssel verschließen und den Salat kühl stellen.

3 Den Salat mit grünem Pfeffer bestreuen und mit dem Parmaschinken servieren.

Zubereitungszeit: 20 Minuten
Kühlzeit: 1 Stunde

Tipp:

Wenn Kinder mitessen, können Sie den Likör durch frisch gepressten Orangensaft ersetzen.

Kleiner **Salat** mit **Räucherlachs**

Zutaten
für 4 Personen

1 kleiner Kopf Blattsalat
½ Bund Dill
2 EL Himbeeressig
Salz
weißer Pfeffer
1 Prise Zucker
3–4 EL Haselnussöl
200 g Räucherlachs
in Scheiben

1 Den Salat waschen, putzen und trockenschwenken. Die Blätter auseinanderzupfen und große Blätter teilen. Den Dill waschen, trockentupfen und fein hacken.

2 Für die Sauce den Essig mit Salz, Pfeffer und Zucker verrühren. Das Öl unter Rühren einlaufen lassen und unterschlagen. Etwas Dill unter die Sauce rühren.

3 Den Salat auf Tellern verteilen, Lachsstreifen darüber geben und die Sauce darüber träufeln. Mit dem restlichen Dill garnieren.

Zubereitungszeit: 20 Minuten

Zu Räucherlachs mit Dill passt frisch getoastetes Weißbrot. Wer mag, kann auch Feldsalat dazu anrichten. ›

Jakobsmuscheln auf **Blattspinat**

Zutaten
für 4 Personen

400 g Jakobsmuscheln
(ca. 10 Stück, TK oder Dose)
Saft von ½ Zitrone
500 g junger Blattspinat
1 Knoblauchzehe
ca. 130 g laktosefreie Margarine
Salz
schwarzer Pfeffer
1 Prise geriebene Muskatnuss
2 Eigelbe

1 Muscheln auftauen bzw. abtropfen lassen und mit etwas Zitronensaft beträufeln. Spinat verlesen, waschen und abtropfen lassen.

2 Den Knoblauch abziehen und auf eine Gabel spießen. In einer Pfanne 1 Esslöffel Margarine zerlassen und den Spinat darin durch Wenden mit der Knoblauch-Gabel leicht garen. Mit Salz, Pfeffer und Muskatnuss würzen. Auf vorgewärmten Tellern warm halten.

3 In der Pfanne 1 Esslöffel Margarine schmelzen, die Muscheln darin kurz von allen Seiten braten, salzen und pfeffern. Die gegarten Muscheln auf den Spinatportionen warm halten.

4 Inzwischen 100 Gramm Margarine zerlassen. Eine Schüssel in ein Wasserbad stellen und darin die Eigelbe mit 1 Esslöffel Wasser, Salz, Pfeffer und einigen Spritzern Zitronensaft verrühren. Die flüssige Margarine unter ständigem Rühren einlaufen lassen und rühren, bis eine dickliche Sauce entstanden ist. Die Sauce über die Muscheln verteilen und das Gericht sofort servieren.

Zubereitungszeit: 30 Minuten

Brötchen mit feiner **Füllung**

Zutaten
für 4 Personen

4 laktosefreie Sesambrötchen
2 EL Öl
400 g Hühnerleber
100 g Porree
50 g Champignons
100 g rote Paprikaschoten
1 TL Mehl
⅛ l Sojasahne
Salz
schwarzer Pfeffer
6 EL gehackte Petersilie

1 Den Backofen auf 200 °C (Umluft 180 °C, Gas Stufe 3–4) vorheizen. Die Brötchen aufschneiden, etwas aushöhlen, mit etwas Öl bestreichen und im Backofen 5 Minuten backen.

2 Leber unter kaltem Wasser waschen, trockentupfen und in Streifen schneiden. Das Gemüse waschen, putzen und klein schneiden.

3 Das restliche Öl erhitzen und Leber, Porree und Pilze darin anbraten. Paprika zugeben und mit Mehl bestauben. Sojasahne einrühren, 10 Minuten leise kochen lassen, salzen und pfeffern.

4 Die Brötchen mit der Masse füllen und mit Petersilie bestreuen. Sofort servieren.

Zubereitungszeit: 40 Minuten

Grüner **Spargel** mit **Vinaigrette**

1 Die Eier in 10 Minuten hart kochen, mit kaltem Wasser abschrecken und etwas auskühlen lassen.

2 Den Spargel waschen und die Enden dort abschneiden, wo das Messer leicht durch die Stangen gleitet. Salzwasser aufkochen und den Spargel darin etwa 8 Minuten kochen. Aus dem Wasser nehmen, abkühlen lassen und auf vier Teller verteilen.

3 Die Eier pellen und fein würfeln. Schnittlauch und Kresse waschen, trockentupfen und fein schneiden. Den Essig mit Senf, Zucker, Salz und Pfeffer verrühren. Nach und nach beide Öle unter Rühren einlaufen lassen. Die Eiwürfel, Schnittlauch und etwas Kresse unterrühren.

4 Den Spargel auf eine Servierplatte legen, die Sauce dazu anrichten und mit der restlichen Kresse garnieren.

Zubereitungszeit: 35 Minuten

Zutaten
für 4 Personen

2 Eier
2 Bund grüner Spargel
Salz
½ Bund Schnittlauch
½ Kästchen Kresse
1 EL Weißweinessig
1 TL Dijon-Senf
1 TL Zucker
weißer Pfeffer
4 EL Pflanzenöl
1 EL Walnussöl

^ *Knackiger, bissfester grüner Spargel ist ein feines Frühlingsessen.*

Gefüllte **Champignons**

Zutaten
für 4 Personen

24 große Champignons
1 kleine Zwiebel
1 Bund Petersilie
150 g Hackfleisch vom Rind
1 Ei
½ TL Salz
schwarzer Pfeffer
1 Prise edelsüßes Paprikapulver
½ TL scharfer Senf
1 Prise Oregano
½ TL Thymian
1–2 Knoblauchzehen
2 EL Tomatenketchup (s. S. 116)
1 TL Worcestershiresauce
60 g laktosefreie Margarine
Außerdem:
laktosefreie Margarine

1 Die Champignons abbürsten, die Stiele ausbrechen und die Hüte nach Bedarf mit einem spitzen Messer etwas aushöhlen.

2 Die Zwiebel abziehen und fein hacken. Die Petersilie waschen, trockenschwenken und fein hacken. Hackfleisch, Zwiebel, Petersilie, Ei, Salz, Pfeffer, Paprikapulver, Senf, Oregano und Thymian miteinander vermischen. Die ausgehöhlten Pilze damit füllen.

3 Den Backofen auf 200 °C (Umluft 180 °C, Gas Stufe 3–4) vorheizen. Eine Auflaufform ausfetten und die gefüllten Pilze nebeneinander hineinsetzen.

4 Den Knoblauch abziehen und fein reiben. Aus Ketchup, Worcestershiresauce und Knoblauch eine Sauce rühren und über die Pilze verteilen. Die Margarineflöckchen darauf setzen.

5 Die Auflaufform in den heißen Backofen stellen und die Champignons 30 Minuten backen.

Zubereitungszeit: 50 Minuten

Krabbencocktail

Zutaten
für 4 Personen

600 g Tiefkühlgarnelen
500 g Champignons
200 g Ananas
½ Kopfsalat
4 Cocktailtomaten
70 g weiche, laktosefreie Margarine
Salz
250 g Mayonnaise (s. S. 118)
3 EL Ketchup (s. S. 116)
5 Spritzer Worcestershiresauce
2 TL edelsüßes Paprikapulver
2 TL Zucker

1 Die Garnelen bei Zimmertemperatur auftauen lassen. Die Pilze putzen und in Scheiben schneiden. Die Ananas schälen und in Stücke schneiden bzw. aus der Dose nehmen und abtropfen lassen.

2 Vom Kopfsalat die Blätter abtrennen, unter fließendem Wasser waschen, trockentupfen und auf Teller oder in Sektschalen verteilen. Die Cocktailtomaten waschen und vierteln.

3 Aus Margarine, Salz, Mayonnaise, Ketchup, Worcestershiresauce, Paprikapulver und Zucker ein Dressing rühren.

4 Garnelen, Champignons und Ananasstücke unter das Dressing heben. Den Krabbencocktail auf die Salatblätter verteilen.

Zubereitungszeit: 20 Minuten
Auftauzeit: 1 Stunde

Ob sie nun Krabben oder Garnelen genannt werden – als Cocktail zubereitet, schmecken sie sehr gut. ›

Aus einem Topf

Suppen und Eintöpfe

Hülsenfrüchte, Gemüse, Kartoffeln und Fleisch sind garantiert frei von Laktose, sofern sie naturbelassen zubereitet werden. Zudem liefern sie wertvolle Vitamine und Mineralstoffe für eine ausgewogene Ernährung. Was liegt also näher, als sie gemeinsam in einen Topf zu bringen? Die folgenden Rezepte zeigen, wie einfach es ist, eine wohlschmeckende Speise auf den Weg zu bringen.

Rote **Linsen**suppe

Zutaten
für 4 Personen

2 Zwiebeln
2 EL Öl
200 g rote Linsen
2 EL körnige, laktosefreie Gemüsebrühe
400 g Kartoffeln
4 laktosefreie Würstchen
Salz, schwarzer Pfeffer
2 EL dunkler Balsamico-Essig
100 ml Sojasahne

1 Die Zwiebeln abziehen und in feine Würfel schneiden. Das Öl in einem Topf erhitzen und die Zwiebelwürfel darin glasig dünsten. Die Linsen dazugeben und kurz mitdünsten. 1,2 Liter Wasser und die Gemüsebrühe zugeben.

2 Die Kartoffeln waschen, schälen, würfeln und in die Suppe geben. Die Suppe 20 Minuten bei mittlerer Hitze kochen lassen.

3 Die Würstchen in Scheiben schneiden, kurz vor Ende der Garzeit in die Suppe geben und warm werden lassen. Salzen und pfeffern.

4 Essig und Sojasahne kurz vor dem Servieren in die Suppe rühren.

Zubereitungszeit: 35 Minuten

Info:

Alle Linsen sind wichtige Eiweißlieferanten. Für dieses Gericht empfehlen sich rote Linsen, denn man muss sie nicht einweichen. Außerdem sind sie sehr bekömmlich.

Gulaschsuppe

Zutaten
für 4 Personen

3 EL Öl
1 kg Rindergulasch
500 g Zwiebeln
200 g Champignonscheiben (Glas)
280 g Erbsen (Dose)
350 g Ananasstücke (Dose)
290 g Tomatenpaprika (Glas)
¼ l laktosefreier Curryketchup
¼ l laktosefreie Chilisauce
1 l laktosefreie Gemüsebrühe
600 ml Sojasahne
Salz, schwarzer Pfeffer

1 Das Öl erhitzen und die Fleischwürfel darin kräftig anbraten. Die Zwiebeln abziehen, würfeln und zugeben. 30 Minuten schmoren.

2 Champignons, Erbsen, Ananas und Tomatenpaprika abtropfen lassen und zum Fleisch geben. Curryketchup, Chilisauce, Gemüsebrühe und Sojasahne unterrühren. Die Suppe mit Salz und Pfeffer würzen. 1 Stunde bei mittlerer Hitze kochen.

Zubereitungszeit: 1 Stunde 20 Minuten

Tipp:

Achten Sie bei Fertigsaucen genau auf die Angaben auf dem Etikett, denn viele enthalten Laktose. Oder Sie bereiten die Saucen selbst nach den Rezepten auf Seite 116 zu.

Zucchinisuppe Charlie Brown

Zutaten
für 4 Personen

300 g Zucchini
800 ml laktosefreie Gemüsebrühe
80 g Erdnüsse in der Schale
6 EL laktosefreie Erdnusscreme
2 EL Zitronensaft
Salz
schwarzer Pfeffer

1 Die Zucchini waschen, putzen und ungeschält grob würfeln. Die Brühe in einem Topf erhitzen und die Zucchiniwürfel darin bei mittlerer Hitze etwa 8 Minuten garen.

2 Die Erdnüsse schälen, die Kerne von den braunen Häutchen befreien und grob hacken.

3 Die Erdnusscreme in den Topf geben und die Suppe mit einem Pürierstab pürieren. Mit Zitronensaft, Salz und Pfeffer würzen.

4 Die Suppe in Teller geben und mit den gehackten Erdnüssen anrichten.

Zubereitungszeit: 30 Minuten

Französische Zwiebelsuppe

Zutaten
für 4 Personen

4 Zwiebeln
80 g laktosefreie Margarine
2 EL Mehl
100 ml trockener Weißwein
1 l laktosefreie Rinderbrühe
2 Knoblauchzehen
Salz
schwarzer Pfeffer

1 Die Zwiebeln abziehen und in Ringe schneiden.

2 In einem Topf die Margarine bei mittlerer Hitze zerlassen und die Zwiebelringe darin goldgelb anbraten.

3 Die Zwiebelringe mit Mehl bestauben und unter Rühren etwa 5 Minuten durchschwitzen lassen. Alles mit Wein ablöschen und die Rinderbrühe dazugießen.

4 Den Knoblauch abziehen und durch eine Knoblauchpresse in die Suppe pressen. Mit Salz und Pfeffer würzen.

5 Die Suppe etwa 10 Minuten bei mittlerer Hitze kochen.

Zubereitungszeit: 30 Minuten

Info:

Auf Verpackungen von Lebensmitteln kann als Hinweis statt »laktosefrei« auch »milchfrei« stehen.

Toskanische **Brot-Tomaten**-Suppe

Zutaten
für 4 Personen

1 laktosefreies Baguette vom Vortag
1 große Zwiebel
2 Bund Basilikum
850 g geschälte Tomaten (Dose)
5 EL Olivenöl
1 Knoblauchzehe
Salz
weißer Pfeffer
Außerdem:
Olivenöl zum Beträufeln

1 Das Baguette schon am Vortag in Scheiben schneiden, damit es austrocknen kann. Am nächsten Tag die Brotscheiben in eine kleine Schüssel geben, mit kaltem Wasser knapp bedecken und 10 Minuten quellen lassen.

2 Die Zwiebel abziehen und sehr fein hacken. Das Basilikum waschen, trockentupfen und die Blättchen von den Stielen zupfen. Eine Hälfte fein hacken und die übrigen Blättchen ganz lassen.

3 Das eingeweichte Brot mit den Händen ausdrücken und zerpflücken. Die Tomaten etwas klein schneiden.

4 In einem Topf 3 Esslöffel Öl erhitzen und die Zwiebel darin glasig werden lassen. Die Tomatenstücke mit ihrer Flüssigkeit, das Brot, das gehackte Basilikum und das restliche Öl in den Topf geben. Die Suppe unter Rühren bei mittlerer Hitze 10 Minuten garen; dabei entsteht ein geschmeidiges Püree.

5 Den Knoblauch abziehen und durch eine Knoblauchpresse dazupressen. Die meisten Basilikumblättchen in Streifen schneiden und unter die Suppe mischen. Mit Salz und Pfeffer würzen.

6 Die Suppe in Teller füllen, mit etwas Olivenöl beträufeln und mit den restlichen Basilikumblättern garnieren.

Zubereitungszeit: 30 Minuten

Tipp:

Dosentomaten enthalten fast genau so viele Nährstoffe wie frische Tomaten. Für cremige Suppen sind sie besonders gut geeignet, da sie ihnen eine angenehme Sämigkeit verleihen.

Schlicht und raffiniert ist die Tomatensuppe, deren Geschmack durch die Zugabe von naturbelassenem Olivenöl fein abgerundet wird. ›

Sauerkraut-Eintopf

Zutaten
für 4 Personen

125 g durchwachsener Speck
1 Zwiebel
1 Knoblauchzehe
1 EL Öl
½ l laktosefreie Fleischbrühe
125 g rohes Kasseler
300 g Sauerkraut
200 g grüne Paprikaschoten
1 TL edelsüßes Paprikapulver
Tabasco, Salz
2 laktosefreie Kabanossi-Würste

1 Den Speck fein würfeln. Die Zwiebel und den Knoblauch abziehen und ebenfalls fein hacken.

2 In einem Topf das Öl erhitzen und den Speck darin anbraten. Zwiebel und Knoblauch zugeben und im heißen Speckfett glasig dünsten. Die Brühe angießen und aufkochen.

3 Das Kasseler fein würfeln. Kasseler und Sauerkraut zur Brühe geben und zugedeckt 30 Minuten bei mittlerer Hitze kochen lassen.

4 Die Paprikaschoten waschen, putzen, in feine Streifen schneiden und zugeben. Mit Paprikapulver, Tabasco und Salz würzen.

5 Die Würste in dünne Scheiben schneiden und im heißen Eintopf bei schwacher Hitze etwa 15 Minuten ziehen lassen.

Zubereitungszeit: 1 Stunde

Mexikanisches Fuego y Tierra

Zutaten
für 4 Personen

150 g Zwiebeln
250 g grüne Paprikaschoten
3 Pfefferschoten
1 Knoblauchzehe
3 EL Öl
400 g Hackfleisch vom Rind
400 g geschälte Tomaten (Dose)
einige Korianderkörner
1 TL Kümmelkörner
800 g laktosefreie weiße Bohnen in Tomatensauce (Dose)
Salz, schwarzer Pfeffer
Paprikapulver
Tabasco

1 Die Zwiebeln abziehen und klein würfeln. Die Paprikaschoten waschen, putzen und in Streifen schneiden. Die Pfefferschoten fein hacken. Den Knoblauch abziehen und fein hacken.

2 Das Öl erhitzen und Zwiebel, Paprika und Hackfleisch bei starker Hitze darin anbraten. Pfefferschoten, Knoblauch, Tomaten, Korianderkörner und Kümmel zugeben. Die Hitze reduzieren und alles zugedeckt 10 Minuten kochen lassen.

3 Weiße Bohnen in Tomatensauce dazugeben und kurz aufkochen. Mit Salz, Pfeffer, Paprikapulver und Tabasco kräftig würzen.

Zubereitungszeit: 35 Minuten

Info:

Der spanische Ausdruck »fuego y tierra« steht für Feuer und Erde. Entscheiden Sie selbst, wie viel »Feuer« durch Pfeffer- bzw. Chilischoten und Tabasco Sie dem Gericht verleihen möchten.

Rotwein-Eintopf

Zutaten
für 4 Personen

300 g Rindfleisch
300 g Schweinefleisch
250 g Zwiebeln
30 g laktosefreie Margarine
150 g Katenschinken in Würfeln
1 Lorbeerblatt
2 Gewürznelken
½ l herber Rotwein
250 g Tomaten
½ Bund Petersilie
450 g TK-Suppengemüse

1 Das Fleisch in mundgerechte Stücke schneiden. Die Zwiebeln abziehen und würfeln.

2 In einem großen Topf die Margarine zerlassen und den Katenschinken darin ausbraten. Fleischstücke und Zwiebelwürfel zum Katenschinken geben und kräftig anbraten.

3 Das Lorbeerblatt, die Gewürznelken, den Rotwein und ½ Liter Wasser zum Fleisch geben. Den Topfinhalt bei mittlerer Hitze zugedeckt 1 Stunde garen.

4 Die Tomaten waschen, halbieren, entkernen und das Fruchtfleisch in Würfel schneiden. Die Petersilie waschen, trockenschwenken und fein hacken.

5 Tomaten, Petersilie und das Suppengemüse zum Eintopf geben und diesen bei schwacher Hitze in 10 Minuten fertig garen.

Zubereitungszeit: 1 Stunde 30 Minuten

Tipp:

Geben Sie das Suppengemüse tiefgefroren in den heißen Eintopf. Durch seine Hitze taut es auf und gart zeitgerecht mit.

Info:

Katenschinken gibt es gebrauchsfertig in Würfeln zu kaufen. Er hat einen würzigen, sehr feinen Geschmack und ist nicht fett – anders als Speck. Beim Ausbraten wird er sehr knusprig und passt wunderbar zu den beiden Fleischarten in diesem Rezept.

Kalter Genuss

Salate

Eine Laktoseintoleranz lässt sich durch eine gezielte Ernährung im Alltag gut handhaben. Für die Zubereitung von Salaten bedeutet dies etwa, dass man alle Milchprodukte wie Sahne und Joghurt als Dressing bzw. Quark und Käse als Zutat austauscht. Ansonsten sind der Kreativität keine Grenzen gesetzt. Viele Salate haben zudem den Vorteil, dass sie sich gut vorbereiten lassen und damit auch für die Außer-Haus-Verpflegung geeignet sind.

Hähnchensalat **Honolulu**

Zutaten
für 4 Personen

1 kleine Ananas
1 gegrilltes Hähnchen (700 g)
300 g Porree
150 g Mayonnaise (s. S. 118)
1 TL Currypulver
1 Kopf Friséesalat
Außerdem:
Minzeblättchen
zum Garnieren

1 Die Ananas schälen, das Fruchtfleisch auslösen und in kleine Würfel schneiden.

2 Von dem Grillhähnchen die Haut entfernen. Das Fleisch auslösen und in kleine Stücke schneiden. Den Porree putzen, waschen und in dünne Ringe schneiden.

3 Die Mayonnaise mit Currypulver würzen. Die Ananaswürfel, die Porreeringe und das Hähnchenfleisch unter die Mayonnaise ziehen. Den Salat bis zum Servieren kühl stellen.

4 Vor dem Servieren den Friséesalat waschen, putzen, trockenschwenken und die Blätter in kleinere Stücke zupfen. Einige Blätter zum Auskleiden der Salatteller nehmen, den Rest unter den Salat mischen.

5 Den Salat auf die Teller geben und mit Minzeblättchen garnieren.

Zubereitungszeit: 25 Minuten
Kühlzeit: 30 Minuten

Tipp:

Die Ananas längs halbieren und das Fruchtfleisch so auslösen, dass die Schale nicht verletzt wird. Den Salat dann in der ausgehöhlten Ananasschale servieren, die bis kurz vor dem Anrichten separat kühl gestellt wird.

Info:

Eine leicht bittere Note erhält der Salat, wenn man Chicorée untermischt. Dafür vom Chicorée den Strunk entfernen und die Blätter in feine Streifen schneiden.

Ananas verleiht dem Hähnchen eine angenehme Frische und passt mit ihrem süßlichen Geschmack auch bestens zu Curry und Porree. ›

Porreesalat

Zutaten
für 4 Personen

7 Eier
600 g Porree
350 g Ananasstücke (Dose)
190 g geraspelter Sellerie (Glas)
250 ml Miracel Whip classic (Glas)

1 Die Eier in etwa 10 Minuten hart kochen, mit kaltem Wasser abschrecken und leicht auskühlen lassen.

2 Inzwischen den Porree putzen, waschen und in feine Ringe schneiden. Die gekochten Eier pellen und in Scheiben schneiden. Die Ananasstücke und den Sellerie in ein Sieb geben und gut abtropfen lassen.

3 Alle Zutaten in eine Schüssel geben und gut vermengen. Den Salat im Kühlschrank mindestens 10 Stunden durchziehen lassen.

Zubereitungszeit: 30 Minuten
Kühlzeit: 10 Stunden

Tipp:

Den Salat am Abend vorher zubereiten und über Nacht durchziehen lassen.

Italienischer **Spaghetti**salat

Zutaten
für 4 Personen

Salz
250 g dicke Spaghetti
4–5 EL Olivenöl
schwarzer Pfeffer
1 EL Tomatenmark
1 Knoblauchzehe
150 g Cocktailtomaten
½ Bund Basilikum

1 Reichlich Wasser mit Salz aufkochen und die Spaghetti darin bissfest garen. Abgießen und mit kaltem Wasser abschrecken.

2 In einer Schüssel Olivenöl, Salz, Pfeffer und Tomatenmark miteinander verrühren. Den Knoblauch abziehen und dazupressen.

3 Die Tomaten waschen und vierteln. Das Basilikum waschen, trockenschwenken und die Blätter hacken. Tomaten und Basilikum unter die Marinade heben.

4 Die Spaghetti in die Marinade geben und gut durchmischen.

Zubereitungszeit: 30 Minuten

Spätzlesalat mit Pfifferlingen

1 Die Spätzle nach Packungsanweisung in reichlich kochendem Salzwasser kochen, abgießen und mit kaltem Wasser abschrecken.

2 Den Porree putzen, waschen und in dünne Ringe schneiden. Die Zwiebel abziehen und würfeln. Den Speck in Stücke schneiden.

3 Frische Pfifferlinge sorgfältig putzen bzw. Pfifferlinge aus dem Glas abtropfen lassen.

4 Das Öl erhitzen und Porree, Zwiebel und Speck darin anbraten. Die Pilze zugeben, salzen und pfeffern. Den Pfanneninhalt mit Essig, Sojasahne und Brühe ablöschen. Die Sauce 10 Minuten kochen lassen, damit sie reduziert.

5 Die Petersilie waschen und fein hacken. Alle Zutaten in einer Schüssel mischen. Den Salat vor dem Servieren abkühlen lassen.

Zubereitungszeit: 30 Minuten

Zutaten
für 4 Personen

250 g getrocknete Spätzle
Salz
300 g Porree
1 Zwiebel
50 g Schinkenspeck
150 g Pfifferlinge
1 EL Öl
schwarzer Pfeffer
2 ½ EL Weißweinessig
100 g Sojasahne
⅛ l laktosefreie Gemüsebrühe
½ Bund Petersilie

Taco-Salat

1 Den Salat waschen, abtropfen lassen und klein schneiden. Die Tomaten in Scheiben schneiden, dabei die Stielansätze entfernen.

2 Die Zwiebel abziehen und würfeln. Den Knoblauch abziehen und durch eine Knoblauchpresse pressen. Das Öl in einer Pfanne erhitzen und Hackfleisch, Zwiebeln und Knoblauch darin anbraten. Mit Salz und Pfeffer würzen. Abkühlen lassen.

3 Mais und Kidneybohnen in ein Sieb geben und gut abtropfen lassen. Alle Zutaten – bis auf die Tortillachips – in der Reihenfolge der Zutatenauflistung in eine Schüssel schichten und 12 Stunden im Kühlschrank durchziehen lassen.

4 Die Chips erst vor dem Servieren auf den Salat geben.

Zubereitungszeit: 30 Minuten
Kühlzeit: 12 Stunden

Zutaten
für 4 Personen

½ kleiner Eisbergsalat
3 Tomaten
1 Zwiebel
2 Knoblauchzehen
1 EL Öl
400 g Hackfleisch vom Rind
Salz
schwarzer Pfeffer
285 g Maiskörner (Dose)
250 g Kidneybohnen (Dose)
100 ml Miracel Whip classic (Glas)
½ Flasche Texicana Salsa-Sauce
125 g Tortilla-Chips

Saarländischer **Löwenzahn**salat

Zutaten
für 4 Personen

2 Eier
500 g gelber Löwenzahn
6 EL Essig
4 EL Öl
Salz
schwarzer Pfeffer
6–8 Radieschen
1 rote Zwiebel
etwas Schnittlauch

1 Die Eier in 10 Minuten hart kochen, mit kaltem Wasser abschrecken und abkühlen lassen.

2 Die Löwenzahnblätter waschen, in mundgerechte Stücke zupfen und eine Weile im Wasser liegen lassen, damit dem Salat die Bitterstoffe entzogen werden. In einem Sieb abtropfen lassen.

3 Die Eier pellen und die Eigelbe durch ein Haarsieb streichen. Mit Essig, 2 Esslöffel Wasser und Öl glatt rühren, salzen und pfeffern.

4 Die Radieschen waschen, putzen und vierteln. Die Zwiebel abziehen und in halbe Ringe schneiden. Das Eiweiß ganz fein würfeln. Alle drei Zutaten mit dem Löwenzahn vermischen.

5 Die Salatsauce über den Salat geben. Den Schnittlauch waschen, trockentupfen, klein schneiden und den Salat damit garnieren.

Zubereitungszeit: 50 Minuten

Tipp:

Den Salat mit ausgelassenen Speckwürfeln anreichern. Für die Salatsauce Sojasahne statt Wasser verwenden.

Info:

Gelber Löwenzahn ist wesentlich zarter und weniger bitter als grüner. Im Saarland ist Löwenzahn unter dem Begriff »Bettsejer« bekannt.

Nur für kurze Zeit im Frühjahr kann man frischen Löwenzahnsalat bekommen. Vor allem die jungen Blätter sind dafür gut geeignet. ›

Drei, die gut sättigen

Kartoffeln, Nudeln, Reis

Pasta-, Reis- und Kartoffelgerichte erfreuen sich großer Beliebtheit bei Kindern und Erwachsenen. Auch Laktose-intolerante können sie beruhigt verzehren, denn Kartoffeln, Nudeln und Reis sind von Haus aus frei von Milchzucker. Mit passenden Saucen, Fleisch oder viel Gemüse wird daraus ein vollwertiges Essen. Zum Trinken empfiehlt sich kalziumreiches Mineralwasser, um die Nährstoffbilanz zu optimieren.

Bratkartoffeln mit Pilzen

Zutaten
für 4 Personen

750 g fest kochende Kartoffeln
200 g Champignons
200 g Austernpilze
150 g Pfifferlinge
1 Bund Frühlingszwiebeln
2 Knoblauchzehen
5 EL Öl
Salz
schwarzer Pfeffer

1 Die Kartoffeln waschen, schälen und in Würfel schneiden. Pilze putzen, Champignons und Austernpilze in Scheiben schneiden.

2 Die Frühlingszwiebeln waschen, putzen, die weißen Teile grob stückeln, die grünen in Ringe schneiden. Den Knoblauch abziehen und fein hacken.

3 Das Öl in einer Pfanne erhitzen. Die Frühlingszwiebeln darin 5 Minuten dünsten und wieder herausnehmen. Die Kartoffelwürfel in die Pfanne geben und im heißen Öl unter Wenden etwa 10 Minuten goldbraun braten.

4 Den Knoblauch und alle Pilze zu den Kartoffeln geben. Den Pfanneninhalt weitere 10 Minuten braten. Mit Salz und Pfeffer kräftig würzen. Die Frühlingszwiebeln zufügen und kurz miterwärmen.

Zubereitungszeit: 40 Minuten

Pfälzer Majorankartoffeln

Zutaten
für 4 Personen

700 g fest kochende Kartoffeln
150 g Speck in Scheiben
1 EL Pflanzenöl
Salz, schwarzer Pfeffer
2 EL Majoran
50 ml laktosefreie Gemüsebrühe
Außerdem:
2 EL Schnittlauchröllchen

1 Die Kartoffeln waschen, schälen und in dicke Scheiben schneiden. Den Speck in Stücke schneiden.

2 Den Backofen vorheizen auf 180 °C (Umluft 160 °C, Gas Stufe 2–3).

3 Das Öl in einer feuerfesten Pfanne erhitzen. Die Kartoffeln und den Speck darin scharf anbraten. Leicht salzen und pfeffern. Den Deckel auflegen und das Gericht im Backofen 30 Minuten garen. Die Pfanne wieder auf die Kochstelle stellen.

4 Die Kartoffeln mit Majoran bestreuen, die Gemüsebrühe hinzugeben und unter Rühren kurz aufkochen lassen. Mit Schnittlauchröllchen bestreuen und sofort servieren.

Zubereitungszeit: 1 Stunde

Die Majorankartoffeln werden im Backofen gegart. Wer keine Pfanne hat, an der man den Stiel entfernen kann, der umwickelt den Pfannenstiel mit Alufolie. ›

Kartoffeln im Speckmantel

Zutaten
für 4 Personen

1 kg neue Kartoffeln
200 g laktosefreier Schinkenspeck in dünnen Scheiben
1 TL gemahlener Kümmel
schwarzer Pfeffer
Rosmarin
Salbei
500 g kleine Tomaten

1 Die Kartoffeln waschen, in einen Topf mit Wasser geben und in etwa 20 Minuten gar kochen. Abgießen, abdämpfen, heiß pellen und erkalten lassen.

2 Die Speckscheiben mit Kümmel und Pfeffer bestreuen und etwa die Hälfte der Kartoffeln damit umwickeln. Eine Auflaufform einfetten und die Kartoffeln nebeneinander abwechselnd mit und ohne Speck hineinsetzen. Mit Rosmarin und Salbei bestreuen.

3 Tomaten über Kreuz einschneiden und zwischen die Kartoffeln setzen. Die Form in den kalten Backofen schieben und das Gericht bei 220 °C (Umluft 200 °C, Gas Stufe 4–5) etwa 30 Minuten backen.

Zubereitungszeit: 1 Stunde

Speck verleiht den Ofenkartoffeln einen würzigen Geschmack.

Fettuccine alla romana

Zutaten
für 4 Personen

15 g getrocknete Steinpilze
1 Zwiebel
400 g Tomaten
100 g laktosefreie Margarine
Salz
250 g Hühnerleber
150 ml herber Weißwein
100 ml laktosefreie Hühnerbrühe
schwarzer Pfeffer
400 g Bandnudeln (Fettuccine)
3 Scheiben luftgetrockneter Schinken

1 Die Steinpilze in lauwarmem Wasser gut 30 Minuten einweichen, bis sie weich sind. Abtropfen lassen.

2 Inzwischen die Zwiebel abziehen und klein hacken. Die Tomaten überbrühen, enthäuten, entkernen und das Fruchtfleisch in kleine Würfel schneiden.

3 In einer Pfanne 20 Gramm Margarine zerlassen und die Zwiebelwürfel darin glasig dünsten. Die abgetropften Steinpilze und die Tomatenwürfel unterrühren. Mit Salz würzen.

4 Die Hühnerleber sorgfältig säubern, unter fließendem kaltem Wasser abspülen, trockentupfen und würfeln. In einer zweiten Pfanne 40 Gramm Margarine erhitzen. Die Leber rasch darin anbraten und mit Weißwein ablöschen. Die Leber aus der Pfanne nehmen und warm stellen.

5 Die Hühnerbrühe zum Bratensatz geben und diesen unter Rühren lösen. Zwiebel, Tomaten und Pilze hinzufügen und alles zusammen 20 Minuten bei mittlerer Hitze kochen lassen, bis eine sämige Sauce entstanden ist. Mit Salz und Pfeffer würzen.

6 Die Bandnudeln in reichlich kochendem Salzwasser bissfest garen und abgießen. Den Schinken in feine Streifen schneiden. Zusammen mit der Leber unter die Sauce mischen. Kurz erhitzen und abschmecken.

Zubereitungszeit: 45 Minuten
Einweichzeit: 30 Minuten

Info:

Getrocknete Steinpilze sind sehr aromatisch und verleihen den Speisen einen angenehm würzigen Geschmack. Sie müssen vor der Zubereitung eingeweicht werden.

Lasagne

Zutaten
für 4 Personen

1 Zwiebel
3 EL Olivenöl
600 g Hackfleisch vom Rind
Salz
schwarzer Pfeffer
1 TL gerebelter Oregano
100 g Tomatenmark
500 g passierte Tomaten
½ Bund Petersilie
200 ml Sojasahne
Lasagneblätter ohne Vorkochen

Außerdem:
Alufolie

1 Für die Hackfleischsauce die Zwiebel abziehen und würfeln. Das Öl in einer Pfanne erhitzen und darin die Zwiebelwürfel und das Hackfleisch anbraten. Mit Salz, Pfeffer und Oregano würzen.

2 Das Tomatenmark und die passierten Tomaten zum Fleisch geben und gut unterrühren. Die Sauce 30 Minuten bei schwacher Hitze leise kochen lassen.

3 In der Zwischenzeit die Petersilie waschen, trockentupfen und fein hacken. Kurz vor Ende der Garzeit in die Sauce geben.

4 Den Backofen vorheizen auf 220 °C (Umluft 200 °C, Gas Stufe 4–5). Eine Auflaufform einfetten.

5 Die Hackfleischsauce, die Sojasahne und die Lasagneblätter schichtweise in die Auflaufform füllen. Die letzte Schicht soll Hackfleischsauce sein, die mit etwas Sojasahne bestrichen wird. Die Form mit Alufolie abdecken.

6 Die Lasagne in den heißen Backofen schieben und zunächst 30 Minuten backen. Dann die Alufolie entfernen und die Lasagne weitere 15 Minuten garen.

Zubereitungszeit: 40 Minuten
Backzeit: 45 Minuten

Tipp:

Lasagne ist ein feines Essen, das auch Kinder gerne mögen. Sie lässt sich prima vorbereiten und nach Bedarf im Backofen erwärmen.

Info:

Die Lasagneblätter müssen nicht vorgekocht werden. Allerdings sollten sie einzeln mit Flüssigkeit umhüllt sein, um gut garen zu können.

Spaghetti alla marinara

Zutaten
für 4 Personen

1 Zwiebel
2 Knoblauchzehen
600 g vollreife Tomaten
145 g Muscheln (Dose)
1 EL Olivenöl
Salz
1 EL frisches Basilikum, gehackt
½ TL schwarzer Pfeffer
300 g Spaghetti
100 g geschälte Garnelen (Krabben)

Außerdem:
Zitronenspalten

1 Die Zwiebel abziehen und in dünne Ringe schneiden. Den Knoblauch abziehen und durch eine Knoblauchpresse drücken. Die Tomaten überbrühen, häuten, vierteln, entkernen und würfeln. Die Muscheln abtropfen lassen.

2 In einer Pfanne das Öl erhitzen und die Zwiebelringe und den Knoblauch darin glasig dünsten. Die Tomaten zugeben und 10 Minuten mitdünsten. Die Sauce mit Salz, Basilikum und Pfeffer würzen.

3 Die Nudeln in reichlich kochendem Salzwasser al dente garen. Abgießen und abtropfen lassen.

4 Die Garnelen und Muscheln unter die Sauce mischen und kurz erhitzen. Die Nudeln mit der Sauce anrichten. Mit Zitronenspalten garnieren.

Zubereitungszeit: 30 Minuten

^ Für Meeresfrüchte-Liebhaber ein feines Gericht.

Mailänder **Risotto**

Zutaten
für 4 Personen

1 Zwiebel
1¼ l laktosefreie Gemüsebrühe
4 EL laktosefreie Margarine
400 g Risottoreis
100 ml herber Weißwein
1 Döschen Safranfäden
Salz, schwarzer Pfeffer

Außerdem:
Basilikum zum Garnieren
laktosefreier Raspelkäse

1 Die Zwiebel abziehen und fein würfeln. Die Gemüsebrühe erhitzen. In einem Topf 2 Esslöffel Margarine erhitzen und die Zwiebelwürfel darin glasig dünsten.

2 Den Reis zufügen und unter Rühren glasig braten. Nach und nach Wein und etwa 1 Liter der heißen Brühe angießen und unter ständigem Rühren weiterkochen. Die zugegebene Flüssigkeit soll erst vom Reis aufgenommen sein, bevor weitere dazukommt.

3 Die Safranfäden in warmem Wasser auflösen. Nach etwa 20 Minuten Kochzeit die aufgelösten Safranfäden unter das Risotto rühren. Noch etwas Brühe angießen, die restliche Margarine unterrühren und den Risotto mit Salz und Pfeffer würzen. Mit Basilikum garnieren und nach Wunsch etwas Käse dazu reichen.

Zubereitungszeit: 35 Minuten

Tipp:

Risottoreis, etwa der Sorten Vialone oder Arborio, wird in gut sortierten Supermärkten angeboten. Zur Not kann man auch Milchreis nehmen.

Info:

Das italienische Reisgericht wird traditionell mit etwas Käse abgerundet. Da Hartkäsesorten durch ihre lange Reifezeit praktisch keine Laktose enthalten, kann man je nach eigener Verträglichkeit etwas Käse zum Risotto essen. Wer auf Nummer sicher gehen will, greift gleich zu laktosefreiem Raspelkäse.

Mailänder Risotto erhält seine gelbe Farbe durch Safran. >

Ruck-Zuck-**Paella** ohne Fisch

Zutaten
für 4 Personen

½ gebratenes Hähnchen
2 Zwiebeln
2 Knoblauchzehen
600 g Paprikaschoten
3 EL Öl
1 EL Currypulver
250 g Reis
1 laktosefreier Fleischbrühwürfel
2 Fleischtomaten
125 g laktosefreier Kochschinken

1 Das Brathähnchen enthäuten und zerlegen. Das Fleisch auslösen und in kleine Stücke schneiden. Die Zwiebeln abziehen und würfeln. Den Knoblauch abziehen und durch eine Knoblauchpresse pressen. Die Paprikaschoten waschen, halbieren, putzen und in feine Streifen schneiden.

2 In einer großen Pfanne das Öl erhitzen, das Currypulver einstreuen und unter Rühren etwas anschwitzen lassen.

3 Den Reis in die Pfanne geben und unter Rühren glasig dünsten. Zwiebeln, Knoblauch, Paprikastreifen und Fleischstücke zufügen und alles kurz anbraten.

4 Den Brühwürfel in ¾ Liter Wasser auflösen und in die Pfanne gießen. Alles bei kleiner Hitze 25 Minuten kochen lassen.

5 Die Tomaten waschen, kreuzweise einschneiden, mit kochendem Wasser überbrühen, die Haut abziehen, entkernen und würfeln. Den Schinken in Würfel schneiden. Die Tomaten- und Schinkenwürfel in die Pfanne geben und kurz miterwärmen.

Zubereitungszeit: 50 Minuten

Info:

Paella ist ein beliebtes Reisgericht aus Spanien, das durch viele Zutaten variiert werden kann. Meist wird es mit Fisch und Meeresfrüchten zubereitet, doch auch Hühnerfleisch passt bestens in solch eine feine Reispfanne.

Tipp:

Sie können das Reisgericht auch mit Paprikapulver würzen.

Curryreis mit **Orangen**

Zutaten
für 4 Personen

400 g Langkornreis
Salz
120 g Sultaninen
200 g Porree
4 Orangen
4 EL laktosefreie Margarine
1 TL Currypulver
100 g Mandelstifte
Außerdem:
getrocknete Chiliflocken

1 Den Reis in Salzwasser 12 Minuten kochen und abtropfen lassen. Die Sultaninen in lauwarmem Wasser 10 Minuten einweichen, abgießen und ausdrücken.

2 Den Porree waschen, putzen und in Ringe schneiden. Die Orangen waschen und dick abschälen. Die Filets aus den weißen Trennwänden schneiden und dabei den austretenden Saft auffangen.

3 Die Margarine erhitzen und den Reis darin schwenken. Orangensaft zugießen, etwas einkochen lassen. Mit Currypulver und Salz würzen. Sultaninen, Porreeringe und Orangenfilets unterheben.

4 Die Mandelstifte ohne Fett in einer Pfanne rösten und über den Curryreis streuen. Mit Chilistückchen garnieren.

Zubereitungszeit: 30 Minuten

Curryreis schmeckt auch mit Mandarinen und Rosinen sehr gut.

Bunte Vielfalt

Vegetarisches

Kalzium, der für den Knochenerhalt so wichtige Mineralstoff, ist auch in Gemüse enthalten. Zwar nicht in so üppigen Mengen wie in Milch und Käse, doch je öfter etwa Brokkoli, Spinat, Tomaten, Frühlingszwiebeln, Porree und frische Küchenkräuter auf dem Speiseplan stehen, desto besser ist es für den Körper. Insgesamt tragen die Vitalstoffe aller Gemüsearten zu einer ausgewogenen Ernährung bei.

Tunesischer **Gemüse**topf

Zutaten
für 4 Personen

½ l laktosefreie Gemüsebrühe
400 g Kartoffeln
400 g Möhren
400 g Auberginen
400 g Zucchini
1 Zwiebel
1 Knoblauchknolle
Außerdem:
1 Römertopf

1 Einen Römertopf in Wasser einweichen und abtropfen lassen.

2 Die Gemüsebrühe erhitzen. Kartoffeln, Möhren, Auberginen und Zucchini waschen, putzen und in mundgerechte Stücke schneiden. Die Zwiebel abziehen und würfeln. Die Knoblauchknolle in Zehen zerteilen, diese abziehen und ganz lassen.

3 Alle Zutaten in den gewässerten Römertopf schichten und die heiße Gemüsebrühe angießen.

4 Den Topf mit seinem Deckel verschließen. Auf dem Rost in den kalten Backofen schieben. Den Backofen auf 220 °C (Umluft 200 °C, Gas Stufe 4–5) heizen und den Gemüsetopf in etwa 1 Stunde garen.

Zubereitungszeit: 30 Minuten
Garzeit: 1 Stunde

Tipp:

Zusätzlich zu den ganzen Knoblauchzehen 4 bis 5 durchgepresste Knoblauchzehen zum Gemüse geben und die ganzen Zehen vor dem Servieren entfernen. So hat man den Knoblauchgeschmack, der zu diesem Gericht unbedingt gehört, braucht aber nicht die ganzen Zehen zu zerkauen.

Möhrenrösti

Zutaten
für 4 Personen

400 g Möhren
etwas frische Petersilie
2 Eier
8 EL Weizenvollkornmehl
Salz
schwarzer Pfeffer
Außerdem:
Mehl
Öl zum Ausbacken

1 Die Möhren waschen, putzen und fein reiben. Die Petersilie waschen, trockenschwenken und fein hacken.

2 In eine Schüssel Möhrenraspel, Petersilie, Eier und Mehl geben, salzen und pfeffern. Alle Zutaten zu einer formbaren Masse miteinander vermischen, nach Bedarf noch etwas Mehl zufügen.

3 Aus der Masse mit den feuchten Händen 8 Rösti formen und mit etwas Mehl bestauben.

4 In einer beschichteten Pfanne etwas Öl erhitzen und die Rösti darin portionsweise von beiden Seiten goldbraun backen.

Zubereitungszeit: 30 Minuten

Polenta-Schnitten

Zutaten
für 4 Personen

Salz
350 g Polenta (Maisgrieß)
125 g Knoblauchaufstrich
(s. S. 120)

1 In einem Topf 1 Liter Wasser mit Salz zum Kochen bringen. Die Polenta in dünnem Strahl unter ständigem Rühren hineinrieseln lassen und dabei darauf achten, dass sich keine Klumpen bilden. 40 Gramm Knoblauchaufstrich hinzufügen und die Masse etwa 15 Minuten weiterrühren (am besten mit einem elektrischen Handrührgerät), bis sich die Masse vom Topfboden löst.

2 Eine Arbeitsfläche nass machen und den Polentabrei darauf 3 Zentimeter dick aufstreichen. Die Masse abkühlen lassen.

3 Die Masse in rautenförmige Stücke schneiden. In einer Pfanne portionsweise den restlichen Knoblauchaufstrich erhitzen und die Polentastücke darin portionsweise braten.

Zubereitungszeit: 45 Minuten

^ *Polenta lässt sich auch gut mit Milchersatz zubereiten.*

Couscoussalat

Zutaten
für 4 Personen

Salz
400 g Couscous
Für die Marinade:
1 große rote Zwiebel
(oder 4–6 Frühlingszwiebeln)
3 Knoblauchzehen
150 ml Zitronensaft
schwarzer Pfeffer
8 EL Olivenöl
300 g Tomaten
1 Salatgurke
3 Bund glatte Petersilie
½ Bund Minze

1 400 Milliliter Wasser mit Salz aufkochen. Couscous in eine Schüssel geben, mit dem Salzwasser übergießen und 2 Minuten quellen lassen, dabei mit einer Gabel auflockern. Auskühlen lassen.

2 Die Zwiebel abziehen und fein würfeln bzw. die Frühlingszwiebeln waschen, putzen und in dünne Ringe schneiden. Knoblauch abziehen und durch eine Knoblauchpresse drücken. Zwiebeln und Knoblauch mit Zitronensaft verrühren und pfeffern. Das Öl darunter schlagen.

3 Die Tomaten waschen, vierteln, entkernen und fein würfeln. Die Gurke waschen, schälen, entkernen und klein würfeln. Die Kräuter waschen, trockenschwenken und fein hacken. Alles in die Marinade geben und den Couscous damit mischen. Mindestens 30 Minuten ziehen lassen.

Zubereitungszeit: 30 Minuten
Marinierzeit: 30 Minuten

Kartoffelgulasch

Zutaten
für 4 Personen

1 kg Kartoffeln
600 g rote Paprikaschoten
250 g Zwiebeln
2 Knoblauchzehen
3 EL Öl
Salz
weißer Pfeffer
70 g Tomatenmark
¾ l laktosefreie Gemüsebrühe
½ Kopf Chinakohl
1 EL Mehl
Nelkenpulver
Cayennepfeffer
½ Bund Petersilie

1 Die Kartoffeln waschen, schälen und klein würfeln. Die Paprikaschoten waschen, putzen und stückeln. Zwiebeln abziehen und in Spalten schneiden. Knoblauch abziehen und durch eine Knoblauchpresse drücken.

2 Das Öl erhitzen. Kartoffeln, Zwiebeln und Paprika darin andünsten. Knoblauch zufügen, salzen und pfeffern. Das Tomatenmark zugeben, verrühren und kurz mit anschwitzen. Mit der Brühe ablöschen und 30 Minuten zugedeckt garen.

3 Chinakohl putzen, waschen, in Streifen schneiden und 5 Minuten vor Ende der Garzeit zufügen. Das Mehl mit etwas kaltem Wasser glattrühren, unter das Gemüse rühren und kurz aufkochen lassen. Mit Salz, Pfeffer, Nelkenpulver und Cayennepfeffer würzen.

4 Die Petersilie waschen, trockenschwenken, hacken und über das Kartoffelgulasch streuen.

Zubereitungszeit: 1 Stunde

Paprikaschoten mit **Reis**füllung

1 Die Eier in 10 Minuten hart kochen, abschrecken und abkühlen lassen. Den Reis bissfest garen und in eine Schüssel geben.

2 Den Backofen vorheizen auf 180 °C (Umluft 160 °C, Gas Stufe 2–3). Eine Auflaufform mit wenig Öl ausstreichen.

3 Die Paprikaschoten waschen und je einen Deckel am Stielansatz abschneiden. Die Schoten aushöhlen, in die Auflaufform stellen und etwas Öl einfüllen.

4 Zwiebeln abziehen und würfeln. Eier pellen und würfeln. Petersilie waschen, trockenschwenken und fein hacken. Alle drei Zutaten unter den Reis mischen. Mit Salz und Pfeffer würzen.

5 Die Paprikaschoten mit der Reismasse füllen und mit dem restlichen Olivenöl beträufeln. Im Backofen 40 Minuten garen.

Zubereitungszeit: 45 Minuten
Garzeit: 40 Minuten

Zutaten
für 4 Personen

2 Eier
125 g Reis
4 Paprikaschoten
3 EL Olivenöl
2 Zwiebeln
1 Bund Petersilie
Salz
schwarzer Pfeffer
Außerdem:
Olivenöl für die Form

Paprikaschoten eignen sich auf ideale Weise zum Füllen.

Pappardelle mit **Petersilien**-Pesto

Zutaten
für 4 Personen

2 Bund Petersilie
2 Knoblauchzehen
50 g Haselnüsse
5 EL Olivenöl
400 g Pappardelle
Salz
schwarzer Pfeffer
Außerdem:
Basilikum zum Garnieren

1 Die Petersilie unter kaltem Wasser abbrausen, trockenschütteln und die dicken Stiele entfernen. Den Knoblauch abziehen.

2 Die Haselnüsse in einem Mixer mahlen. Petersilie, Knoblauch, Olivenöl, etwas Salz und Pfeffer dazugeben und so lange pürieren, bis die Zutaten sich zu einer homogenen Masse verbunden haben.

3 Die Nudeln in reichlich Salzwasser al dente kochen. Abgießen und gut abtropfen lassen.

4 Eventuell 1 Esslöffel Nudelkochwasser zum Pesto geben. Die Nudeln anrichten, mit Pesto servieren und mit Basilikum garnieren.

Zubereitungszeit: 35 Minuten

Tipp:

Pappardelle sind dicke Bandnudeln. Selbstverständlich kann man auch Tagliatelle, die etwas dünneren Bandnudeln, oder andere Nudeln für diese Zubereitung nehmen.

Info:

Das italienische Wort »pestare« stand für die würzige Kräuterzubereitung »Pesto« Pate. Es steht für »zerdrücken«, und gemeint ist das Zerdrücken, Zerstampfen von Kräutern mit einem Stößel in einem Mörser. Pesto wird traditionell aus Basilikum, Pinienkernen, Hartkäse, Knoblauch und viel Olivenöl hergestellt. Doch auch die Kombination aus Petersilie und Haselnüssen – ganz ohne Käse – überzeugt mit ihrem Wohlgeschmack.

Petersilie, Olivenöl, Knoblauch und Haselnüsse vereinen sich in dem Pesto zu einem vollmundigen Geschmack, der bestens zu Nudeln passt. >

Eiweiß, das schmeckt

Fleisch und Fisch

Fettarmes Fleisch, Fische und Meeresfrüchte sind ideale Eiweißträger. Sie versorgen den Körper mit wichtigen Vitaminen der B-Gruppe und lassen sich vielfältig zubereiten. Ob in der Pfanne oder im Backofen, ob gebraten oder gedünstet, ob als Steak, Hackbraten oder als fertig gegrilltes Hähnchen gekauft und dann veredelt – für jeden Geschmack finden sich auf den folgenden Seiten passende Rezepte.

Kasseler mit Kräuterkruste

Zutaten
für 4 Personen

1 Bund Petersilie
1 Bund Kerbel
1 Bund Pimpinelle oder Basilikum
2 EL Öl
2 EL Senf
schwarzer Pfeffer
750 g rohes Kasseler ohne Knochen
2 Bund Frühlingszwiebeln
Außerdem:
Bratschlauch

1 Die Kräuter waschen, trockentupfen und die Blättchen von den Stielen zupfen. Mit Öl, Senf und Pfeffer in einem Mixer oder mit einem Pürierstab zu einer feinen Paste verarbeiten. Das Kasseler rundherum mit der Kräuterpaste einreiben.

2 Den Bratrost aus dem Backofen nehmen. Den Backofen auf 200 °C (Umluft 180 °C, Gas Stufe 3–4) vorheizen.

3 Die Frühlingszwiebeln waschen und putzen. Den Bratschlauch auf Bratenlänge plus 40 Zentimeter zurechtschneiden. Das eine Ende nach Packungsanweisung schließen. Die Frühlingszwiebeln auf Bratenlänge in den Schlauch schichten und das Kasseler darauf legen. Die offene Seite des Bratschlauches ebenfalls schließen. Den Schlauch an der Oberseite mit einer Stecknadel einstechen.

4 Das Paket auf den kalten Rost setzen, in den heißen Backofen schieben und das Kasseler 50 Minuten braten. Den Backofen danach ausschalten und das Fleisch im warmen Backofen weitere 15 Minuten ruhen lassen.

5 Das Paket aus dem Backofen nehmen. Den Bratschlauch aufschneiden, dabei den auslaufenden Fond auffangen und diesen später anderweitig verwenden. Den Braten herausheben und aufschneiden. Mit den Frühlingszwiebeln anrichten.

Zubereitungszeit: 1 Stunde 30 Minuten

Tipp:

Verwenden Sie frische Kräuter für diese Zubereitung, denn sie haben ein feineres Aroma als Tiefkühlware. Gehen Sie ruhig verschwenderisch mit ihnen um.

Info:

Vorsicht beim Öffnen des Bratschlauchs! Der austretende Dampf ist sehr heiß.

Filetsteaks mit Champignons

1 Die Steaks kurz kalt abspülen und trockentupfen. Mit Salz und Pfeffer einreiben. 4 Stücke Alufolie einölen und die Steaks auflegen.

2 Die Pilze putzen, in Scheiben schneiden und auf die Steaks legen. Die Röstzwiebeln auf den Champignons verteilen. Die Paprikaschoten waschen, putzen, in dünne Streifen schneiden und dazulegen.

3 Den Backofen vorheizen auf 220 °C (Umluft 200 °C, Gas Stufe 4–5).

4 Die Alufolien gut schließend falzen. Die Päckchen auf ein Backblech legen und in den heißen Backofen geben. Das Fleisch zunächst 30 Minuten garen. Die Oberfläche der Päckchen aufschneiden und die Steaks einige Minuten nachbräunen lassen.

Zubereitungszeit: 45 Minuten

Zutaten
für 4 Personen

4 Rindersteaks à 150 g
Salz
schwarzer Pfeffer
250 g Champignons
2 EL laktosefreie Röstzwiebeln
200 g grüne Paprikaschoten
100 g rote Paprikaschoten

Außerdem:
Alufolie
Öl für die Alufolie

Zu den Filetsteaks passen kleine neue Kartoffeln, die nach dem Kochen kross angebraten werden.

Kesselgulasch

Zutaten
für 4 Personen

200 g Möhren
300 g vorwiegend festkochende Kartoffeln
200 g Zwiebeln
200 g Tomaten
800 g Rindfleisch
2 Knoblauchzehen
2 EL Öl
1 EL edelsüßes Paprikapulver
1 EL Tomatenmark
1 l laktosefreie Fleischbrühe
Salz
schwarzer Pfeffer
½ EL Zucker

1 Die Möhren und die Kartoffeln waschen, schälen und klein würfeln. Die Zwiebeln abziehen und fein hacken. Die Tomaten waschen, die Stielansätze entfernen und das Fruchtfleisch ebenfalls in Würfel schneiden.

2 Das Fleisch unter fließendem kaltem Wasser kurz abspülen, trockentupfen und in kleine Würfel schneiden. Den Knoblauch abziehen und zerdrücken.

3 Das Öl in einem Topf erhitzen und die Fleisch- und Zwiebelwürfel darin scharf anbraten. Knoblauch, Paprikapulver, Tomatenmark und die Gemüsewürfel dazugeben und kurz mit anbraten.

4 Die Brühe angießen und alles bei mittlerer Hitze 1 Stunde garen. Mit Salz, Pfeffer und Zucker würzen.

Zubereitungszeit: 1 Stunde 30 Minuten

Tipp:

Dazu schmecken grüne Bohnen als zusätzliches Gemüse. Sie verleihen dem Gericht auch einen weiteren farblichen Akzent.

Info:

Für Gulasch eignet sich Rindfleisch aus der Schulter, auch Bugfleisch genannt.

Das Kesselgulasch vereint Fleisch, Kartoffeln und Gemüse auf vorzügliche Art. ›

Gefüllte **Zwiebeln**

Zutaten
für 4 Personen

1 TL Salz
4 Gemüsezwiebeln
30 g laktosefreie Margarine
6 EL Sojasahne
schwarzer Pfeffer
½ Bund Petersilie
400 g Thüringer Mett

1 In einem Topf 1½ Liter Wasser zum Kochen bringen. Das Salz zufügen. Die Zwiebeln abziehen, in das kochende Salzwasser setzen und zugedeckt bei schwacher Hitze in 20 Minuten halb gar kochen.

2 Den Backofen auf 200 °C (Umluft 180 °C, Gas Stufe 3–4) vorheizen.

3 Die Zwiebeln aus dem Wasser nehmen und abkühlen lassen. Vom Kochsud 100 Milliliter abmessen.

4 Die Zwiebeln waagerecht halbieren und bis auf 3 Schichten aushöhlen. Das Zwiebelinnere würfeln.

5 Die Margarine in einem Topf zerlassen und die Zwiebelwürfel darin glasig dünsten. Sojasahne und den abgemessenen Kochsud unterrühren. Mit Pfeffer würzen. Die Würzflüssigkeit in eine flache Auflaufform geben.

6 Die Petersilie waschen, trockenschwenken und fein hacken.

7 Das Mett mit 4 Esslöffeln Petersilie vermengen und in die Zwiebelhälften füllen. Die Zwiebeln in die Auflaufform setzen, in den heißen Backofen schieben und etwa 35 Minuten garen.

8 Die Zwiebeln mit der Sauce aus der Form anrichten und mit der restlichen Petersilie bestreuen.

Zubereitungszeit: 1 Stunde 10 Minuten

Tipp:

Thüringer Mett ist Hackfleisch vom Schwein, das fertig gewürzt angeboten wird. Allerdings kann nicht ausgeschlossen werden, dass die verwendete Gewürzmischung Laktose enthält. Im Zweifelsfall sollten Sie normales Hackfleisch kaufen und selber würzen.

Rehrücken Baden-Baden

Zutaten
für 4 Personen

1 kg Rehrücken mit Rippenknochen
½ l Distelöl
6 EL Zitronensaft
5 Wacholderbeeren
2 Nelken
2 EL gehackte Petersilie
Salz
schwarzer Pfeffer
4 EL Olivenöl
1 EL laktosefreie Margarine
¼ l Rotwein
1 Schalotte
1 Möhre
¼ l laktosefreier Wildfond
Außerdem:
Alufolie

1 Den Rehrücken häuten und die Rippenknochen abschneiden. Öl, Zitronensaft, Wacholderbeeren, Nelken und Petersilie zu einer Marinade mischen und das Fleisch darin 12 Stunden einlegen. Am nächsten Tag herausnehmen, salzen und pfeffern.

2 Den Backofen auf 250 °C (Umluft 230 °C, Gas Stufe 6) vorheizen.

3 In einem Bräter 2 Esslöffel Olivenöl und die Margarine erhitzen, den Rehrücken hineinlegen und im Backofen 15 Minuten braten. Dabei ab und zu mit Wein begießen. Den Rehrücken aus dem Backofen herausnehmen, in Alufolie einschlagen und warm halten. Die Bratensauce aufbewahren.

4 Inzwischen die Rippenknochen zerkleinern. Die Schalotte abziehen, die Möhre waschen und schälen und beides grob stückeln. Das restliche Olivenöl in einer Pfanne erhitzen. Rippenknochen, Schalotte und Möhre darin anbraten. Mit dem Fond ablöschen und 20 Minuten bei schwacher Hitze kochen lassen. Durch ein Sieb in die Bratensauce passieren.

5 Das Fleisch aus der Alufolie nehmen, vom Knochen lösen, aufschneiden, auf einer Platte anrichten und mit der Sauce servieren.

Zubereitungszeit: 1 Stunde
Marinierzeit: 12 Stunden

Tipp:

Als Garnitur Kompottbirnen mit Johannisbeergelee dazu reichen.

Info:

Bei diesem Gericht kann man gut parallel arbeiten. Während das Fleisch im Backofen gart und dann in Alufolie gewickelt noch ruht, wird die Sauce vorbereitet.

Schmor**kaninchen**

Zutaten
für 4 Personen

1 küchenfertiges Kaninchen (ca. 1,4 kg), zerlegt
2 Zwiebeln
2 Knoblauchzehen
300 g Aubergine
500 g Tomaten
4 EL Olivenöl
Salz
schwarzer Pfeffer
4 Lorbeerblätter
1 Thymianzweig
1 Rosmarinzweig
200 ml Rotwein
200 g rote Paprikaschoten

1 Das Fleisch unter fließendem kaltem Wasser waschen und trockentupfen. Zwiebeln abziehen und vierteln, den Knoblauch abziehen und in Scheiben schneiden. Die Aubergine waschen, putzen und in große Würfel schneiden. Die Tomaten überbrühen, häuten und klein schneiden.

2 Das Öl in einem Schmortopf erhitzen und die Kaninchenteile darin rundum anbraten. Mit Salz und Pfeffer würzen. Zwiebeln, Knoblauch, Auberginenwürfel, Lorbeerblätter, Thymian und Rosmarin dazugeben und kurz mitgaren.

3 Den Topfinhalt mit dem Rotwein ablöschen. Die Tomatenstücke zufügen und zum Kochen bringen. Mit Salz und Pfeffer würzen. Das Gericht 40 Minuten schmoren.

4 Die Paprikaschoten waschen, putzen und würfeln. Zum Kaninchen geben und weitere 10 Minuten mitgaren.

Zubereitungszeit: 25 Minuten
Garzeit: 50 Minuten

Info:

Kaninchenfleisch enthält viel Eiweiß und wenig Fett. Zudem ist es leicht verdaulich.

Tipp:

Schwarze Oliven passen ebenso gut zum Kaninchen. Damit sie ihr Aroma gut abgeben können, kann man sie halbieren und kurz vor Ende der Garzeit zufügen.

Kaninchenfleisch eignet sich gut für Schmorgerichte. >

Hackbraten Zigeunerbaron

Zutaten
für 4 Personen

400 g Hackfleisch vom Rind
4 EL laktosefreie Semmelbrösel
2 Eier
Salz
schwarzer Pfeffer
Paprikapulver (rosenscharf)
1 TL Senf
200 g gelbe Paprikaschoten
460 g Champignonscheiben (Dose)
2 Gläser laktosefreie Zigeunersauce (keine Grillsauce!)
Außerdem:
laktosefreie Margarine

1 Das Hackfleisch in einer Schüssel mit Semmelbröseln und Eiern vermengen. Mit Salz, Pfeffer, Paprikapulver und Senf würzen.

2 Die Paprikaschoten waschen, putzen und in Würfel schneiden. Die Champignons in ein Sieb geben und gut abtropfen lassen.

3 Den Backofen vorheizen auf 220 °C (Umluft 200 °C, Gas Stufe 4–5). Eine Auflaufform fetten.

4 Die Hackfleischmasse in die Auflaufform geben und glatt streichen. Paprikawürfel und Champignonscheiben auf der Masse verteilen. Die Zigeunersauce darüber geben.

5 Die Form in den heißen Backofen geben und den Hackbraten in 40 bis 45 Minuten garen.

Zubereitungszeit: 15 Minuten
Backzeit: 45 Minuten

Info:

Dieser Hackbraten ist bei Kindern sehr beliebt. Dazu passen Salzkartoffeln und Möhrengemüse.

Tipp:

Die gekaufte Zigeunersauce ist natürlich die »Ratz-Fatz-Version«! Wenn Sie Zeit haben, können Sie eine frische Sauce auf der Basis der Tomatensauce von Seite 116 zubereiten. Dann allerdings noch eine zweite rote Paprikaschote sowie reichlich frisch gehackte Petersilie zugeben und das Basilikum weglassen.

Ragout fin

Zutaten
für 4 Personen

1 Bund Suppengemüse
800 g Kalbfleisch
460 g Champignons in Scheiben (Dose)
40 g laktosefreie Margarine
40 g Mehl
½ l laktosefreie Fleischbrühe
Salz
schwarzer Pfeffer
Worcestershiresauce
1–2 EL Zitronensaft
⅛ l Sojasahne
4 laktosefreie Blätterteigpastetchen

1 Das Suppengemüse waschen. In einen Topf 2 Liter Wasser füllen, das Kalbfleisch im Ganzen und das Gemüse einlegen. Aufkochen, die Hitze reduzieren und alles zusammen 1½ Stunden kochen.

2 Das Fleisch herausheben, etwas abkühlen lassen und klein würfeln. Die Brühe durch ein Sieb gießen und ½ Liter abmessen. Die Champignons abtropfen lassen und 6 Esslöffel Pilzwasser abmessen.

3 In einem Topf die Margarine zerlassen, unter Rühren mit Mehl bestauben und das Pilzwasser sowie die Brühe angießen. Die Mehlschwitze mit Salz, Pfeffer, Worcestershiresauce und Zitronensaft würzen. Das Fleisch und die Pilze zugeben. Sojasahne unterrühren.

4 In der Zwischenzeit die Pastetchen nach Packungsanweisung kurz aufbacken. Das Ragout fin in die warmen Pasteten verteilen.

Zubereitungszeit: 1 Stunde 40 Minuten

^ *Ragout fin, mit Friséesalat und Zitronenspalten angerichtet.*

Putensteak Mozart

Zutaten
für 4 Personen

4 Putenschnitzel
Salz
schwarzer Pfeffer
Mehl
3 EL Öl
4 Scheiben roher Schinken
4 Scheiben Ananas
Petersilie
4 schöne, rote Kirschen
Außerdem:
Zahnstocher

1 Die Putenschnitzel unter fließendem kaltem Wasser waschen und trockentupfen. Mit Salz und Pfeffer würzen und leicht mit Mehl bestauben.

2 Das Öl in einer Pfanne erhitzen. Die Putenschnitzel darin von jeder Seite 2 Minuten braten und wieder herausnehmen. Das Fleisch zugedeckt warm stellen.

3 Den Schinken und die Ananas in die gleiche Pfanne geben und kurz braten. Die Petersilie waschen, trockenschwenken und zu Sträußchen zerpflücken.

4 Das Fleisch auf eine vorgewärmte Servierplatte legen und auf jedes Steak eine Ananasscheibe legen. Die gebratenen Schinkenscheiben zusammenrollen, mit je einem Zahnstocher aufspießen, eine Kirsche darauf stecken und je ein Spießchen in die Mitte einer Ananasscheibe stecken. Die Putenschnitzel mit den Petersiliensträußchen garnieren und servieren.

Zubereitungszeit: 20 Minuten

Puten-**Geschnetzeltes**

Zutaten
für 4 Personen

300 g Zwiebeln
200 g rote Paprikaschoten
200 g gelbe Paprikaschoten
100 g Möhren
200 g Brokkoliröschen
500 g Putengeschnetzeltes
2 EL Mehl
Salz, Pfeffer
1 EL rosenscharfes Paprikapulver
4 EL Pflanzenöl
1/8 l laktosefreie Gemüsebrühe
1/8 l Sojasahne
3 EL Tomatenmark

1 Die Zwiebeln abziehen und würfeln. Die Paprikaschoten waschen, putzen und in mundgerechte Stücke schneiden. Die Möhren putzen und in Stifte schneiden. Frischen Brokkoli in Röschen teilen, waschen und in kochendem Salzwasser 4 Minuten garen, bzw. tiefgekühlten Brokkoli nur kurz antauen lassen.

2 Das Fleisch in einer Schüssel mit Mehl, Salz, Pfeffer und Paprikapulver mischen. Das Öl in einer Pfanne erhitzen und das Fleisch darin rundum anbraten.

3 Das Gemüse zum Fleisch in die Pfanne geben und 5 Minuten mitbraten.

4 Die Brühe und die Sojasahne angießen. Bei schwacher Hitze 20 Minuten schmoren. Das Tomatenmark einrühren und einmal aufkochen. Sofort servieren.

Zubereitungszeit: 40 Minuten

Backhähnchen Kentucky

Zutaten
für 4 Personen

1 küchenfertiges Hähnchen (ca. 1,4 kg)
Salz
schwarzer Pfeffer
3 EL frische Kräuter (z. B. Basilikum, Estragon, Salbei)
4 EL laktosefreie Semmelbrösel
2 Eier
3 EL Mehl
Außerdem:
Öl zum Ausbacken

1 Das Hähnchen unter fließendem kaltem Wasser waschen, trockentupfen und in 6 Teile zerlegen. Die Hähnchenteile mit Salz und Pfeffer einreiben.

2 Die Kräuter waschen, trockenschwenken, hacken und auf einem Teller mit den Semmelbröseln mischen. Die Eier in einem tiefen Teller miteinander verquirlen. Auf einen dritten Teller das Mehl geben.

3 Reichlich Öl erhitzen, am besten in einer Fritteuse. Die Hähnchenstücke zuerst in Mehl wenden, dann durch das Ei ziehen und zuletzt in der Semmelbrösel-Kräuter-Mischung wälzen. Sofort in das heiße Öl geben und in 15 bis 20 Minuten ausbacken.

Zubereitungszeit: 20 Minuten
Backzeit: 20 Minuten

Tipp:

Für eine gleichmäßige Panade sollten die Hähnchenteile vor dem Panieren schön trocken sein und dann vollständig mit Ei überzogen werden, damit die Semmelbröselmischung gut haften bleibt.

Info:

Damit die einzelnen Hähnchenteile rundum schön knusprig und innen gleichmäßig gar werden, werden sie schwimmend in Öl ausgebacken. Dafür das Öl vorab auf 180 °C erhitzen.

Lachs in Alufolie

Zutaten
für 4 Personen

4 Scheiben Lachsfilet à 150 g
3 EL Olivenöl
Salz
schwarzer Pfeffer
4 Champignons
150 g Möhren
300 g Porree
1 Zwiebel
50 g laktosefreie Margarine
Außerdem:
Alufolie

1 Die Filets mit Olivenöl einpinseln, salzen, pfeffern und auf je ein Stück Alufolie legen.

2 Die Champignons putzen und in Scheiben schneiden. Die Möhren putzen und in feine Stifte schneiden. Den Porree putzen, waschen und in feine Streifen schneiden. Die Zwiebel abziehen und fein würfeln.

3 Den Backofen vorheizen auf 200 °C (Umluft 180 °C, Gas Stufe 3–4).

4 Das Gemüse auf den Filets verteilen und die Margarine in Flöckchen darauf setzen. Die Folien zusammenfalten und die Päckchen gut verschließen.

5 In die Grillpfanne des Backofens etwas Wasser gießen und den Grillrost mit den eingepackten Lachsfilets darauf legen. Die Lachsfilets 15 bis 20 Minuten dünsten.

Zubereitungszeit: 40 Minuten

Tipp:

Diese Zubereitungsart ist auch für frischen Thunfisch ideal, da er in der Alufolie schön zart bleibt, während er in der Pfanne ganz schnell hart und zäh werden kann.

Im eigenen Saft gegart, kommt das Aroma des Lachses besonders gut zur Geltung. ›

Mandel-**Rotbarsch** auf **Spinat**

Zutaten
für 4 Personen

600 g Rotbarschfilet
Saft von 1 Zitrone
Salz
schwarzer Pfeffer
edelsüßes Paprikapulver
800 g Blattspinat
geriebene Muskatnuss
1 Knoblauchzehe
30 g Mandelblättchen
3–4 EL Olivenöl
Außerdem:
Bratschlauch

1 Den Fisch unter fließendem kaltem Wasser abwaschen und trockentupfen. Mit Zitronensaft beträufeln, salzen, pfeffern und mit Paprikapulver bestreuen.

2 Den Spinat waschen, putzen und in einer Salatschleuder trockenschleudern. Den Knoblauch abziehen und fein hacken. Den Spinat mit Salz, Pfeffer, Muskatnuss und Knoblauch würzen.

3 Den Rost aus dem Backofen nehmen und den Backofen auf 180 °C (Umluft 160 °C, Gas Stufe 2–3) vorheizen.

4 Den Bratschlauch auf Filetlänge plus 30 Zentimeter zurechtschneiden. Ein Ende des Bratschlauches nach Packungsanweisung verschließen. Den Spinat einschichten.

5 Den Fisch mit Mandelblättchen bestreuen, etwas Öl darüber träufeln und auf den Spinat setzen. Den Bratschlauch an der anderen Seite schließen und an der Oberseite einstechen.

6 Den gefüllten Bratschlauch auf dem kalten Rost in den heißen Backofen schieben und den Fisch 35 Minuten garen.

7 Nach der Garzeit eine Pfanne unter den Rost schieben, die Folie an der Unterseite einschneiden und den Spinatsaft ablaufen lassen. Den Schlauch oben aufschneiden und den Fisch samt Spinat auf eine Platte gleiten lassen.

Zubereitungszeit: 25 Minuten
Garzeit: 35 Minuten

Tipp:

Passen Sie auf, dass der Bratschlauch nicht die Wände des Backofens berührt. Sonst besteht die Gefahr, dass er beschädigt wird. Dampf und Flüssigkeit könnten austreten.

Fischfilet in **Mandel**hülle

1 Auf einem Teller Mehl mit Salz und Cayennepfeffer würzen. Ei mit Milchersatz in einem zweiten, tiefen Teller verquirlen. Mandeln und Semmelbrösel auf einem dritten Teller mischen.

2 Den Backofen vorheizen auf 200 °C (Umluft 180 °C, Gas Stufe 3–4). Ein Backblech mit Backpapier auslegen.

3 Die Fischfilets unter fließendem kaltem Wasser abspülen, trockentupfen und in Streifen schneiden. Die Fischstreifen erst im gewürzten Mehl, dann im verquirlten Ei und anschließend in der Mandel-Brösel-Mischung wenden; dabei die Mandeln gut andrücken.

4 Die Filets auf das Backblech legen und im heißen Backofen 15 bis 20 Minuten garen.

Zubereitungszeit: 55 Minuten
Backzeit: 35 Minuten

Zutaten
für 4 Personen

40 g Mehl
Salz
Cayennepfeffer
1 Ei
4 EL Milchersatz
200 g gehackte Mandeln
50 g laktosefreie Semmelbrösel
600 g Seelachsfilet
Außerdem:
Backpapier

Als Beilage eignen sich gebratene Kartoffeln und ein Salat aus Eisbergsalat, Apfel und Kresse.

Für den süßen Zahn

Desserts

Dass ein krönender Abschluss einer Mahlzeit auch richtig gut ohne Milch, Quark, Joghurt und Sahne auskommt, zeigen die Rezepte in diesem Kapitel. Mit Sojadrink, Reisdrink, Haferdrink oder sämiger Kokosmilch lassen sich viele traditionelle Gerichte auf einfache Art zubereiten. Neue, aufregende Geschmacksrichtungen erfreuen damit die Gaumen der Genießer.

Mousse au chocolat

Zutaten
für 4 Personen

125 g edle laktosefreie Zartbitterschokolade
1 TL laktosefreie Margarine
4 sehr frische Eier

1 Die Schokolade in Stücke teilen und zusammen mit der Margarine in einem Wasserbad schmelzen lassen.

2 Die Eier trennen. Das Eiweiß mit den Quirlen eines Handrührgerätes zu Eischnee steif schlagen.

3 Die Schokoladenmasse aus dem Wasserbad nehmen und die Eigelbe unterrühren. Den Eischnee vorsichtig unter die Schokoladencreme heben.

4 Das Dessert im Kühlschrank mindestens 2 Stunden kühlen.

Zubereitungszeit: 20 Minuten
Kühlzeit: 2 Stunden

Info:

Ein Wasserbad ermöglicht es, empfindliche Zutaten ohne direkten Kontakt zur Hitzequelle gleichmäßig und schonend zu erwärmen. Dafür wird in einem Topf Wasser erhitzt und eine Rührschüssel oder ein zweiter Topf hineingestellt. In diese Schüssel gibt man die zu erwärmenden Zutaten, beispielsweise Schokolade und Margarine. Durch das kochende Wasser erwärmt sich der Schüsselrand und gibt die Wärme an sie weiter.

Tipp:

Mousse au chocolat mit Physalis (Kapstachelbeeren) garnieren.

Ein Klassiker unter den Desserts. Mousse au chocolat lässt sich gut aus laktosefreien Zutaten zubereiten. ›

Zitronencreme

Zutaten
für 4 Personen

2 Eigelbe
90 g Zucker
Saft von 2 Zitronen
3 Blatt Gelatine
2 Eiweiß

1 In einer Schüssel Eigelbe, Zucker und Zitronensaft mit den Quirlen eines Handrührgerätes schaumig schlagen.

2 Die Gelatine nach Packungsanweisung einweichen und anschließend ausdrücken.

3 Eiweiß zu Schnee steif schlagen. Die ausgedrückte Gelatine unter den Eischaum rühren und den Eischnee unterheben.

4 Die Zitronencreme vor dem Servieren 2 Stunden kühlen.

Zubereitungszeit: 30 Minuten
Kühlzeit: 2 Stunden

Überbackene Pfirsiche mit Mandelstreuseln

Zutaten
für 4 Personen

460 g Pfirsichhälften (Dose)
125 g laktosefreie Margarine
100 g Mehl
100 g gemahlene Mandeln
100 g Zucker
2 EL gemahlener Zimt
Außerdem:
laktosefreie Margarine für die Form

1 Den Backofen vorheizen auf 200 °C (Umluft 180 °C, Gas Stufe 3–4). Eine Auflaufform fetten.

2 Die Pfirsiche gut abtropfen lassen und mit der Wölbung nach unten in die Auflaufform setzen.

3 Die Margarine zerlassen. Mehl, Mandeln, Zucker, Zimt und zerlassene Margarine mit den Händen zu Streuseln verarbeiten. Die Mischung in und um die Pfirsichhälften geben.

4 Die Form in den heißen Backofen geben und die Pfirsiche 30 bis 35 Minuten backen.

Zubereitungszeit: 15 Minuten
Backzeit: 35 Minuten

Tipp:

Dazu passt wunderbar die Vanillesauce von Seite 119.

Rote Grütze mit karamellisierten Walnüssen

Zutaten
für 4 Personen

1–2 EL Speisestärke
¼ l Sauerkirschsaft
130 g Zucker
1 Zimtstange
800 g Obstmischung (Sauerkirschen, Himbeeren, Brombeeren)
20 g laktosefreie Margarine
100 g Walnusskerne
Außerdem:
Alufolie

1 Für die Grütze die Speisestärke mit 6 Esslöffeln Sauerkirschsaft verrühren. Den restlichen Saft, 100 Gramm Zucker und die Zimtstange in einem Topf aufkochen. Die angerührte Stärke unterrühren und einmal aufkochen lassen. Die Obstmischung unterheben und die Grütze abkühlen lassen.

2 In einer beschichteten Pfanne den restlichen Zucker und die Margarine schmelzen. Die Walnusskerne dazugeben und unter ständigem Rühren karamellisieren lassen. Wenn die Nüsse glänzen, die Masse auf ein Stück Alufolie geben und erkalten lassen.

3 Die karamellierten Nüsse erst kurz vor dem Servieren unter die Grütze mischen.

Zubereitungszeit: 30 Minuten
Kühlzeit: 1 Stunde

Tipp:

Die karamellisierten Walnüsse erst unmittelbar vor dem Verzehr unter die Grütze heben. So bleiben sie angenehm knusprig.

Info:

Rote Grütze lässt sich auch gut mit tiefgefrorenen Früchten zubereiten. So kann man auch im Winter das beliebte Dessert genießen.

Kirschauflauf

Zutaten
für 4 Personen

4 Eier
100 g Mehl
120 g Zucker
½ TL gemahlener Zimt
¼ l Milchersatz
350 g Sauerkirschen (Glas)
Außerdem:
laktosefreie Margarine für die Form

1 Den Backofen vorheizen auf 200 °C (Umluft 180 °C, Gas Stufe 3–4). Eine Auflaufform einfetten.

2 Die Eier trennen. Mehl, Zucker, Zimt, Eigelbe und Milchersatz in einer Schüssel mit den Quirlen eines Handrührgerätes zu einem glatten Teig verrühren.

3 Eiweiß zu Eischnee steif schlagen und vorsichtig unter den Teig ziehen.

4 Die Kirschen gut abtropfen lassen und in der Form verteilen. Den Teig über die Kirschen gießen.

5 Den Kirschauflauf im vorgeheizten Backofen etwa 45 Minuten backen.

Zubereitungszeit: 20 Minuten
Backzeit: 45 Minuten

Info:

Sauerkirschen sind für diesen Auflauf besser geeignet als Süßkirschen, da sie einen säuerlicheren Geschmack aufweisen. Wer frische Früchte verarbeiten kann, wird zudem durch ein noch angenehmeres Aroma verwöhnt.

Tipp:

Je flacher die Auflaufform, desto größer ist die Oberfläche des Auflaufs und desto knuspriger wird das Ganze.

Saftige Kirschen, eingebettet in feinem Teig – ein Genuss für Feinschmecker. ›

Vollwert-**Apfel**crisp

Zutaten
für 4 Personen

4 säuerliche Äpfel
Zitronensaft
50 g Rosinen
4 EL Honig
1 TL gemahlener Zimt
200 g Haferflocken
4 gehäufte EL Weizenvollkornmehl
2 EL Öl

Außerdem:
laktosefreie Margarine

1 Die Äpfel waschen, schälen, die Kerngehäuse entfernen und das Fruchtfleisch würfeln. Die Apfelwürfel mit Zitronensaft beträufeln. Die Rosinen, 2 Esslöffel Honig und den Zimt untermischen.

2 Den Backofen vorheizen auf 180 °C (Umluft 160 °C, Gas Stufe 2–3). Eine Auflaufform fetten und die Apfelmasse einfüllen.

3 Haferflocken, Weizenvollkornmehl, Öl und den restlichen Honig miteinander vermengen und über die Apfelmasse geben.

4 Die Form in den heißen Backofen stellen und die Zubereitung 35 bis 40 Minuten backen, bis die Haferflockenmischung braun ist.

Zubereitungszeit: 20 Minuten
Backzeit: 40 Minuten

Kinder**glühwein**

Zutaten
für 1,2 Liter

700 ml roter Traubensaft
300 ml Apfelsaft
1 Zimtstange
4–5 Nelken
3 Stücke unbehandelte Orangenschale

1 Den Traubensaft, den Apfelsaft und 200 Milliliter Wasser in einen Topf geben. Die Zimtstange, die Nelken und die Orangenschale zufügen.

2 Den Topfinhalt einmal aufkochen. Die Hitzezufuhr reduzieren und das Getränk bei schwacher Hitze 15 Minuten ziehen lassen.

Zubereitungszeit: 25 Minuten

Tipp:

Frische Orangenschale verleiht dem Getränk ein feines Aroma. Um sie zu gewinnen, 1 unbehandelte Orange waschen und die Schale ohne die weiße Haut in Stücken abschneiden.

Rostige Ritter mit Vanillesauce

Zutaten
für 4 Personen

Für die Vanillesauce:
2 Vanilleschoten
¼ l Milchersatz
100 g Zucker
2 Eier
1 Eigelb
1 EL Speisestärke

Für die rostigen Ritter:
4 altbackene laktosefreie helle Brötchen
2 Eier
60 g Zucker
1 Prise Salz
¼ l Milchersatz
2 Eigelbe
4 EL laktosefreie Semmelbrösel

Außerdem:
laktosefreie Margarine zum Ausbacken
Zimt-Zucker

1 Für die Vanillesauce die Vanilleschoten längs aufschneiden und das Mark mit einem Messerrücken herausschaben.

2 In einem Topf den Milchersatz mit den Vanilleschoten und dem Vanillemark einmal aufkochen. Die Hitzezufuhr abstellen und den Topfinhalt 15 Minuten ziehen lassen. Die Schoten entfernen.

3 In einer Schüssel Zucker, Eier, Eigelb und Speisestärke miteinander verrühren. Den heißen Milchersatz unter Rühren dazugeben. Die Masse in den Topf zurückgießen und bei schwacher Hitze unter Rühren bis kurz vor das Aufkochen bringen. Die Vanillesauce abkühlen lassen.

4 Für die rostigen Ritter die Brötchen halbieren und nebeneinander auf zwei flache Teller legen. Die Eier mit Zucker, Salz und Milchersatz verschlagen. Die Brötchen damit übergießen und sich voll saugen lassen. Sie dürfen aber nicht zerfallen.

5 Die Eigelbe auf einem Teller verquirlen, die Semmelbrösel auf einen anderen Teller geben. Die vollgesogenen Brötchen durch die verquirlten Eier ziehen und in den Semmelbröseln wenden.

6 In einer beschichteten Pfanne Margarine erhitzen und die Brötchen darin goldgelb backen. Auf Tellern anrichten, mit Zimt-Zucker bestreuen und die Vanillesauce dazu reichen.

Zubereitungszeit: 45 Minuten

Info:

Als Milchersatz kommen Sojadrink natur, Sojadrink Vanille, Reisdrink, Haferdrink und Kokosmilch in Frage. Kokosmilch verleiht der Vanillesauce einen aufregenden, karibisch anmutenden Geschmack.

Grießrauten mit Balsamico-Kirschen

Zutaten
für 4 Personen

Für den Teig:
½ l Milchersatz
50 g Zucker
125 g Maisgrieß
1 Ei

Für die Sauce:
350 g Sauerkirschen (Glas)
2 TL Speisestärke
3 EL Zucker
½ Stange Zimt
1 TL Balsamico-Essig

Außerdem:
ca. 60 ml Öl zum Ausbacken
laktosefreie Margarine für das Backblech
Minze zum Garnieren

1 Für den Teig Milchersatz und Zucker zum Kochen bringen, den Grieß einstreuen und unter Rühren 5 Minuten leise kochen lassen. Von der Kochstelle nehmen und etwas abkühlen lassen. Das Ei verquirlen und unter den Grießbrei rühren. Kurz ruhen lassen.

2 Ein Backblech fetten. Darauf den warmen Teig 2 Zentimeter dick aufstreichen und abkühlen lassen.

3 Für die Sauce die Kirschen abtropfen lassen und den Saft auffangen. Die Stärke mit Zucker und 50 Milliliter Kirschsaft glatt rühren.

4 In einem Topf 300 Gramm Kirschen mit 100 Milliliter Saft und der Zimtstange unter Rühren zum Kochen bringen. Die glattgerührte Stärke unter Rühren zugeben, einmal aufkochen und von der Kochstelle nehmen. Zimtstange entfernen. Die Sauce mit Essig würzen.

5 Den kalten Teig in Rauten schneiden. Das Öl in einer Pfanne erhitzen und die Grießrauten darin bei mittlerer Hitze von beiden Seiten goldgelb ausbacken.

6 Die Grießrauten mit den restlichen Kirschen auf Tellern anrichten und mit Minze garnieren. Die Sauce separat dazu reichen.

Zubereitungszeit: 40 Minuten

Tipp:

Gut schmecken die Rauten auch, wenn man statt Maisgrieß Hartweizengrieß verwendet.

Süß-saurer Genuss, fruchtig und sättigend zugleich. ›

Selbst backen

Brot und Gebäck

Selbstgebackenes schmeckt am besten. Das lernt jeder von Kindesbeinen an, der mit ebensolchen Kuchen und Keksen verwöhnt worden ist. In der heutigen Zeit kommt der Gesundheitsaspekt dazu. Manch einer nimmt sich die Zeit und genießt es, sein Brot und Gebäck selbst zu backen. Für Laktoseintolerante ist dies der optimale Weg, um gut verträgliche und schmackhafte Nahrungsmittel zu erhalten.

Sauerteigbrot

Zutaten
für 1 Laib

375 g Roggenmehl
375 g Weizenmehl
1 Päckchen Frischhefe
1 TL Salz
150 g Sauerteig (Beutel)
Außerdem:
1 Backform von 25–30 cm ø
laktosefreie Margarine
für die Form

1 Alle Zutaten mit Hilfe einer Küchenmaschine zu einem Teig rühren, dabei 350 bis 400 Milliliter lauwarmes Wasser einrühren. Den Teig mit einem Tuch abdecken und 1 Stunde gehen lassen, bis sich sein Volumen deutlich vergrößert hat.

2 Den Backofen vorheizen auf 250 °C (Umluft 230 °C, Gas Stufe 6) und eine Backform fetten.

3 Den Brotteig erneut durchkneten, in die Form geben und im Backofen zunächst 10 Minuten backen. Die Hitze auf 200 °C (Umluft 180 °C, Gas Stufe 3–4) reduzieren und das Brot für 50 Minuten weiterbacken.

4 Das Brot nach dem Backen gleich aus der Form nehmen und auf einem Rost auskühlen lassen.

Zubereitungszeit: 10 Minuten
Wartezeit: 1 Stunde
Backzeit: 1 Stunde

Tipp:

Das Brot vor dem Einschieben in den Backofen mit etwas Wasser bestreichen oder besprühen und ein feuerfestes Gefäß mit Wasser auf den Boden des Backofens stellen. So trocknet das Brot nicht aus und bekommt eine schöne Kruste.

Info:

Natur-Sauerteig gibt es gebrauchsfertig in Beuteln zu 150 Gramm in Bioläden und Reformhäusern, in manchen Drogeriemärkten, aber auch in gut sortierten Supermärkten zu kaufen. Er ist sehr lange haltbar und muss nicht sofort verarbeitet werden. Die Verwendung ist sehr einfach: Die Brote gelingen immer.

Selbstgebackenes Brot gibt die Gewissheit, dass man mit dem täglichen Brot keine Laktose verzehrt. ›

Kartoffelbrot

Zutaten
für 2 Laibe

300 g Pellkartoffeln vom Vortag
1 Würfel frische Hefe
300 g Dinkelvollkornmehl
600 g Mehl Type 550
1 EL Brotgewürz
1 EL Salz
500 g Soja-Naturjoghurt

Außerdem:
2 Kastenformen (25–30 cm Länge)
laktosefreie Margarine für die Formen

1 Die Kartoffeln pellen und in einer Schüssel zerstampfen. Die Hefe in 100 Milliliter lauwarmem Wasser unter Rühren auflösen. Die Hefelösung zu den Kartoffeln geben und alles gut durchmischen.

2 Alle weiteren Zutaten zufügen und mit den Knethaken eines Handrührgerätes gut durchkneten. Zwei Kastenformen fetten. Den Teig einfüllen und 30 Minuten gehen lassen.

3 Den Backofen vorheizen auf 230 °C (Umluft 210 °C, Gas Stufe 5).

4 Die Formen in den heißen Backofen geben und die Brote 15 Minuten backen. Die Hitze auf 200 °C (Umluft 180 °C, Gas Stufe 3–4) reduzieren und die Brote weitere 55 Minuten backen.

5 Nach dem Backen die Brote gleich aus den Formen nehmen und auf einem Rost auskühlen lassen.

Zubereitungszeit: 15 Minuten
Wartezeit: 30 Minuten
Backzeit: 65 Minuten

Zwiebel-Schinken-Kuchen

Zutaten
für 1 Backblech

Für den Teig:
450 g Mehl
1 Päckchen Frischhefe
2 EL Olivenöl
2 TL Zucker
¾ TL Salz

Für den Belag:
2 kg Zwiebeln
80 ml Pflanzenöl
Salz, schwarzer Pfeffer
250 g laktosefreie Katenschinkenwürfel
400 g Tofu natur
400 ml Sojasahne

1 Für den Teig Mehl, Hefe, Öl, Zucker, Salz und 300 Milliliter Wasser mit den Knethaken eines Handrührgerätes geschmeidig kneten. Zugedeckt 1 Stunde bis zum doppelten Volumen gehen lassen.

2 Die Zwiebeln abziehen, in Ringe schneiden oder auf einem Gurkenhobel hobeln. Das Öl erhitzen und die Zwiebeln in 10 bis 15 Minuten darin glasig dünsten, bis keine Flüssigkeit mehr vorhanden ist. Mit Salz und Pfeffer würzen.

3 Den Backofen vorheizen auf 225 °C (Umluft 200 °C, Gas Stufe 4). Ein Backblech fetten und den Teig darauf ausrollen. Die Zwiebeln und die Schinkenwürfel darauf verteilen.

4 Tofu, Sojasahne und 1 Prise Salz in einem Mixer pürieren und über den Belag verteilen. Den Kuchen etwa 20 Minuten backen.

Zubereitungszeit: 30 Minuten
Wartezeit: 1 Stunde
Backzeit: 20 Minuten

Pizzateig

1 Alle Zutaten mit 1/8 Liter lauwarmem Wasser in einer Schüssel mit den Knethaken eines Handrührgerätes gut durchkneten. Den Teig mit einem Tuch abdecken und 1 Stunde gehen lassen.

2 Den Backofen vorheizen auf 200 °C (Umluft 180 °C, Gas Stufe 3–4). Ein Backblech einfetten.

3 Eine Arbeitsfläche mit Mehl bestauben. Den Teig darauf mit den Händen noch einmal durchkneten und ausrollen. Auf das Backblech geben und nach Geschmack belegen. Die Pizza 20 Minuten backen.

Zubereitungszeit: 10 Minuten
Wartezeit: 1 Stunde
Backzeit: 20 Minuten

Zutaten
für 1 Backblech

300 g Mehl
30 g frische Hefe
1 EL Olivenöl
1 Prise Salz
Außerdem:
Mehl für das Backblech

Pizza selbst machen ist nicht schwer. Der Belag kann nach Belieben ausgewählt werden.

Gewürz**kirschkuchen**

Zutaten
für 1 Kuchen

700 g Sauerkirschen (2 Gläser)
100 g laktosefreie Margarine
225 g Zucker
3 Eigelbe
200 g Mehl
½ Päckchen Weinsteinbackpulver
1 TL gemahlener Zimt
1 EL laktosefreier Backkakao
3 Eiweiß
125 g gemahlene Haselnüsse
1 Päckchen laktosefreier roter Tortenguss

Außerdem:
1 Springform von 28 cm ø
laktosefreie Margarine für die Form

1 Die Sauerkirschen in ein Sieb geben, abtropfen lassen und dabei den Saft auffangen.

2 Die Margarine in eine Schüssel geben und mit den Quirlen eines Handrührgerätes schaumig schlagen. Nach und nach 100 Gramm Zucker, die Eigelbe und 5 Teelöffel Wasser unterrühren. Das Mehl mit dem Backpulver mischen und zusammen mit Zimt und Kakao unter den Teig heben.

3 Den Backofen vorheizen auf 175 °C (Umluft 155 °C, Gas Stufe 2). Eine Springform fetten.

4 Den Teig in die Form füllen und einen kleinen Rand hochziehen. Die Kirschen auf dem Teig verteilen.

5 Eiweiße zu Eischnee steif schlagen und dabei den restlichen Zucker einrieseln lassen. Die Haselnüsse vorsichtig unterheben. Die Masse auf den Kirschen verteilen.

6 Die Form in den heißen Backofen schieben und den Kuchen 45 Minuten backen. Aus dem Backofen nehmen und in der Form vollständig auskühlen lassen.

7 Aus Tortenguss und Kirschsaft nach Packungsanweisung einen Guss kochen und über dem Kuchen verteilen. Erst nach dem Erstarren den Formrand lösen.

Zubereitungszeit: 30 Minuten
Backzeit: 45 Minuten

Info:

Margarine kann man beim Backen generell durch Öl ersetzen. 100 Gramm Margarine entsprechen dann 80 Milliliter Öl.

Russischer **Apfelkuchen**

Zutaten
für 1 Kuchen

500 g säuerliche Äpfel
5 EL Rum
250 g laktosefreie Margarine
200 g Zucker
1 Päckchen Vanillezucker
4 Eier
200 g Mehl
1 Päckchen Weinstein-backpulver
2 EL laktosefreier Backkakao
125 g gemahlene Haselnüsse
1 EL gemahlener Zimt
125 g Puderzucker
2–3 EL Zitronensaft
Außerdem:
1 Springform von 28 cm ø
laktosefreie Margarine und Mehl für die Form

1 Die Äpfel waschen, schälen, die Kerngehäuse entfernen und das Fruchtfleisch in Würfel schneiden. Die Apfelwürfel mit dem Rum übergießen und ziehen lassen.

2 Den Backofen vorheizen auf 175 °C (Umluft 155 °C, Gas Stufe 2). Eine Springform fetten und mit Mehl auskleiden.

3 Für den Rührteig in einer Schüssel die Margarine mit den Quirlen eines Handrührgerätes schaumig rühren. Nach und nach den Zucker, den Vanillezucker und die Eier unterrühren. Mehl, Backpulver, Kakao, Nüsse und Zimt zugeben und unter die Schaummasse heben. Die marinierten Apfelwürfel unterziehen.

4 Den Teig in die Form füllen und den Kuchen im heißen Backofen 55 bis 60 Minuten backen. Herausnehmen und etwas abkühlen lassen.

5 Aus Puderzucker und Zitronensaft einen Guss rühren und den Kuchen damit überziehen.

Zubereitungszeit: 25 Minuten
Backzeit: 1 Stunde

Info:

Alle Rührkuchen kann man mit Kokosmilch als Milchersatz backen. So erhalten sie ein tolles Aroma.

Tipp:

Weißes Mehl (Type 405) kann man durch die gleiche Menge Vollkornmehl ersetzen. Dann pro 200 Gramm Mehl 40 Milliliter Wasser dazunehmen.

Vanille**kipferl**

Zutaten
für etwa 60 Stück

250 g Mehl
1 TL Weinsteinbackpulver
65 g Puderzucker
200 g laktosefreie Margarine
100 g geriebene Mandeln
Außerdem:
Frischhaltefolie
Backpapier
3 Päckchen Vanillezucker
1/4 Tasse Puderzucker

1 Aus Mehl, Backpulver, Puderzucker, Margarine und Mandeln mit den Knethaken eines Handrührgerätes einen Teig kneten. Den Teig zu Rollen mit 2 Zentimeter Durchmesser formen. In Frischhaltefolie einwickeln und für 1 Stunde kühlen.

2 Den Backofen vorheizen auf 180 °C (Umluft 160 °C, Gas Stufe 2–3). Ein Backblech mit Backpapier auslegen.

3 Vom Teig kleine Stücke abnehmen und zu Hörnchen formen. Auf das Backblech legen und im Backofen 10 bis 12 Minuten backen.

4 Vanillezucker und Puderzucker auf einem flachen Teller mischen. Die noch warmen Kipferl mit der Oberseite durch das Zuckergemisch ziehen. Vollständig auskühlen lassen.

Zubereitungszeit: 50 Minuten
Kühlzeit: 1 Stunde

Die Vanillekipferl zum Aufbewahren in eine Blechdose legen.

Ruck-Zuck-**Lebkuchen**

1 Für den Rührteig in einer Schüssel die Margarine mit den Quirlen eines Handrührgerätes schaumig rühren. Nach und nach die Eier und den Zucker unterrühren. Kakao, Lebkuchengewürz und Honig unterrühren. Die Haselnüsse und das Mehl zugeben und unter die Schaummasse heben.

2 Den Backofen vorheizen auf 175 °C (Umluft 155 °C, Gas Stufe 2). Ein Backblech fetten und den Teig darauf verstreichen.

3 Das Backblech mit dem Teig in den heißen Backofen schieben und den Lebkuchen in 15 bis 20 Minuten backen. Herausnehmen und etwas abkühlen lassen.

4 Die Kuvertüre in einem Wasserbad schmelzen. Den Lebkuchen damit überziehen. Nach dem Abkühlen den Lebkuchen in Würfel oder Rauten schneiden.

Zubereitungszeit: 20 Minuten
Backzeit: 20 Minuten

Zutaten
für 1 Backblech

150 g laktosefreie Margarine
4 Eier
250 g brauner Zucker
2 TL laktosefreier Backkakao
1 Päckchen laktosefreies Lebkuchengewürz
5 EL Honig
250 g gemahlene Haselnüsse
250 g Mehl
1½ Päckchen laktosefreie Zartbitterkuvertüre
Außerdem:
laktosefreie Margarine für das Backblech

Tipp:

Die Lebkuchen in einer Metalldose aufbewahren. So bleiben sie längere Zeit angenehm saftig.

Info:

Laktosefreie Margarine, Zartbitterkuvertüre und Backkakao gibt es in Reformhäusern, Bioläden und gut sortierten Supermärkten zu kaufen.

Deutschland-Flaggen-**Torte**

Zutaten
für 1 Torte

6 EL Zucker
6 EL Mehl
½ Päckchen Weinstein-backpulver
3 mittelgroße Eier
6 EL Öl
250 g blaue Trauben
350 g rote Süßkirschen (Glas)
400 g Pfirsichspalten (Dose)
1 Päckchen laktosefreier weißer Tortenguss

Außerdem:
1 Obstbodenform von 26 cm ø

1 In einer Schüssel Zucker, Mehl, Backpulver, Eier und Öl mit den Quirlen eines Handrührgerätes verrühren.

2 Den Backofen auf 180 °C (Umluft 160 °C, Gas Stufe 2–3) vorheizen. Eine Obstbodenform etwas einölen.

3 Den Teig in die Form geben und glatt streichen. Die Form in den heißen Backofen stellen und den Boden 25 bis 30 Minuten backen. Herausnehmen und in der Form auskühlen lassen.

4 Die Trauben waschen und trockenreiben. Die Süßkirschen und die Pfirsichspalten gut abtropfen lassen, dabei den Pfirsichsaft auffangen.

5 Den erkalteten Tortenboden stürzen. Das Obst in drei breiten Streifen auf dem Obstboden anordnen, und zwar in der Reihenfolge: Trauben (= schwarz), Kirschen (= rot), Pfirsichspalten (= gold).

6 Den Tortenguss nach Packungsanweisung mit dem Pfirsichsaft zubereiten und über die Torte geben.

Zubereitungszeit: 25 Minuten
Backzeit: 30 Minuten

Pflaumentarte mit **Streuseln**

Zutaten
für 1 Kuchen

400 g frische Pflaumen
200 g laktosefreie Margarine
100 g gemahlene Haselnüsse
100 g gehackte Mandeln
200 g Zucker
3 Päckchen Vanillezucker
1 Prise Salz
240 g Mehl
1–2 EL Puderzucker

Außerdem:
1 Tarteform von 26 cm ø
laktosefreie Margarine

1 Pflaumen waschen, halbieren, entsteinen. Backofen auf 200 °C (Umluft 180 °C, Gas Stufe 3–4) vorheizen. Tarteform leicht einfetten.

2 Die Margarine bei schwacher Hitze zerlassen, aber nicht heiß werden lassen. Die lauwarme Margarine in einer Schüssel mit allen Nüssen, Zucker, 2 Päckchen Vanillezucker und Salz geben. Das Mehl darüber sieben. Alle Zutaten mit den Fingern zu einem krümeligen Streuselteig zerreiben; der Teig darf nicht gerührt werden.

3 Die Hälfte der Streusel in die Form streuen, die Pflaumen darauf verteilen und den restlichen Teig darüber streuen. Den Kuchen etwa 25 Minuten backen. In der Form auskühlen lassen.

4 Puderzucker und das letzte Päckchen Vanillezucker mischen und über den Kuchen streuen.

Zubereitungszeit: 30 Minuten
Backzeit: 25 Minuten

Milchreis-Kuchen mit Aprikosen

Zutaten
für 1 Kuchen

Für den Teig:
200 g Mehl
1 Messerspitze Weinsteinbackpulver
1 Prise Salz
75 g Zucker
1 Päckchen Vanillezucker
100 g kalte, laktosefreie Margarine
1 Ei

Für den Belag:
425 g Aprikosenhälften (Dose)
1 l Sojadrink Vanille
250 g Milchreis
2 Eier
1 Päckchen Vanillezucker
1–2 EL Zucker
1 EL Puderzucker

Außerdem:
Frischhaltefolie
1 Springform 26 cm ø
laktosefreie Margarine für die Form
Mehl zum Bestauben
1–2 EL laktosefreie Semmelbrösel

1 Für den Teig das Mehl mit dem Backpulver vermischen. Salz, Zucker, Vanillezucker, Margarine in Stücken und das Ei zufügen. Erst mit den Knethaken eines Handrührgerätes, dann mit den Händen schnell zu einem glatten Teig kneten. Den Teig in Frischhaltefolie wickeln und 30 Minuten in den Kühlschrank legen.

2 Für den Belag die Aprikosen in ein Sieb geben und gut abtropfen lassen.

3 In einem Topf den Sojadrink aufkochen. Den Milchreis einrühren und zugedeckt bei schwacher Hitze etwa 35 Minuten quellen lassen, dabei öfter umrühren. Den Topf von der Kochstelle nehmen und den Milchreis etwas abkühlen lassen.

4 Den Backofen auf 200 °C (Umluft 180 °C, Gas Stufe 3–4) vorheizen. Eine Springform einfetten und mit Mehl auskleiden.

5 Eine Arbeitsfläche mit wenig Mehl bestauben und den Teig darauf zu einem runden Boden von etwa 30 Zentimeter Durchmesser ausrollen. In die Form legen und am Rand andrücken. Den Boden mit einer Gabel mehrmals einstechen und mit Semmelbröseln bestreuen.

6 Eier, Vanillezucker und Zucker miteinander verquirlen und in den Milchreis rühren. Den Milchreis und die Aprikosen auf dem Teig verteilen.

7 Die Form in den heißen Backofen stellen und den Kuchen 30 bis 35 Minuten backen. In der Form auskühlen lassen und den Rand mit Puderzucker bestauben.

Zubereitungszeit: 20 Minuten
Abkühlzeit: 1 Stunde (wenn Teig und Milchreis gleichzeitig kühlen nur 30 Minuten)
Backzeit: 35 Minuten

Tipp:

Alsan-Margarine eignet sich sehr gut für eine laktosefreie Ernährung, weil sie sich beim Backen und Kochen wie Butter verhält und schmeckt.

Feines zum Würzen

Saucen und Brotaufstriche

Laktose wird in der Lebensmittelindustrie als technologischer Hilfsstoff verwendet, um z. B. Farben zu stabilisieren und Wasser zu binden. Menschen mit einer Laktoseintoleranz müssen deshalb auf viele Fertigprodukte wie Saucen, Gewürzmischungen und Brotaufstriche verzichten. Dass dies kein Nachteil ist, sondern die Chance auf reinen Genuss in sich birgt, beweisen die Rezepte auf den folgenden Seiten. Mit wenigen Handgriffen kommt unverfälschter Geschmack auf den Tisch.

Basisrezept **dunkle** Grund**sauce**

Zutaten
für 4 Personen

4 EL laktosefreie Margarine oder laktosefreie Pflanzencreme
3 EL Mehl
½ l laktosefreie Rinderbouillon
Salz, schwarzer Pfeffer

1 Die Margarine bzw. die Pflanzencreme in einem Topf erhitzen. Das Mehl zugeben und glatt rühren. Bei geringer Hitze unter Rühren etwa 10 Minuten anschwitzen, bis das Mehl mittelbraun ist.

2 Die Rinderbouillon nach und nach unter kräftigem Rühren zugießen und mindestens 30 Minuten leise kochen lassen.

3 Die Sauce durch ein Sieb passieren, salzen und pfeffern.

Zubereitungszeit: 45 Minuten

Basisrezept **helle** Grund**sauce**

Zutaten
für 4 Personen

25 g laktosefreie Margarine
20 g Mehl
375 ml laktosefreie Gemüsebrühe
Salz, schwarzer Pfeffer

1 Die Margarine in einem Topf zerlassen. Das Mehl zugeben und unter Rühren so lange darin erhitzen, bis es hellgelb ist.

2 Die Brühe hinzugießen und mit einem Schneebesen gut durchschlagen, damit keine Klümpchen entstehen.

3 Die Sauce zum Kochen bringen und bei schwacher Hitze 5 Minuten leicht kochen lassen, dabei gelegentlich umrühren. Mit Salz und Pfeffer würzen.

Zubereitungszeit: 12 Minuten

Senfsauce aus heller Grundsauce

Zutaten
für 4 Personen

1 Rezept helle Grundsauce (siehe oben)
Außerdem:
100 ml Sojasahne
3 EL Senf
Zucker, Zitronensaft

1 Eine helle Grundsauce zubereiten wie im vorangegangenen Rezept beschrieben.

2 Sojasahne und Senf in die Grundsauce einrühren.

3 Die Senfsauce mit Zucker und Zitronensaft würzen.

Zubereitungszeit: 15 Minuten

Salat**vinaigrette**

Zutaten
für 4 Personen

1 Schalotte
2 Knoblauchzehen
3 TL Zucker
3 TL Dijon-Senf
Salz
schwarzer Pfeffer
2–3 EL Weißweinessig
4 EL Pflanzenöl

1 Die Schalotte abziehen und ganz fein würfeln. Den Knoblauch abziehen und durch eine Knoblauchpresse drücken.

2 Schalottenwürfel, Knoblauch, Zucker, Senf, Salz, Pfeffer und Essig mit einem Schneebesen verrühren, bis sich der Zucker aufgelöst hat. Nach Bedarf 1 bis 2 Esslöffel Wasser unterrühren.

3 Das Öl unter ständigem Rühren nach und nach einlaufen lassen.

Zubereitungszeit: 10 Minuten

Tipp:

Statt Senf klein geschnittene Radieschen und Schnittlauchröllchen verwenden.

Die Salatvinaigrette kann zu allen Blattsalaten gereicht werden.

Tomatensauce

Zutaten
für 4 Personen

2 Zwiebeln
4 Knoblauchzehen
3 EL Olivenöl
1 kg passierte Tomaten
Salz
schwarzer Pfeffer
3 TL gerebelter Oregano
10 Basilikumblätter

1 Die Zwiebeln abziehen und in feine Würfel schneiden. Den Knoblauch abziehen und durch eine Knoblauchpresse drücken. Das Öl in einem Topf erhitzen und beides darin glasig dünsten.

2 Die passierten Tomaten zufügen. Mit Salz, Pfeffer und Oregano würzen. 15 Minuten bei kleiner Hitze kochen lassen, dabei gelegentlich umrühren.

3 In der Zwischenzeit die Basilikumblätter waschen, trockentupfen und fein hacken. Das Basilikum auf die Tomatensauce streuen.

Zubereitungszeit: 25 Minuten

Ketchup – ganz fix

Zutaten
für 4 Personen

3 gehäufte TL Zucker
2 gestrichene TL Kräutersalz
3 EL weißer Essig
200 g Bio-Tomatenmark
1 Messerspitze gemahlene Nelken
Gewürze nach Geschmack

1 Zucker, Kräutersalz und Essig in einer Schüssel verrühren, bis sich der Zucker aufgelöst hat.

2 Das Tomatenmark und das Nelkenpulver zugeben und so lange rühren, bis eine homogene Masse entstanden ist.

3 So viel lauwarmes Wasser unterrühren, bis das Ketchup die gewünschte Konsistenz hat. Nach Geschmack würzen.

Zubereitungszeit: 10 Minuten

Tipp:

Durch die Zugabe von Gewürzen kann der Ketchupgeschmack variiert werden, etwa durch Currypulver, Paprikapulver oder Chilipulver.

In zuvor sterilisierte Flaschen eingefüllt, hält sich Ketchup lange Zeit im Kühlschrank. ›

Mayonnaise – ganz fix

Zutaten
für 4 Personen

1 Eigelb
1 gestrichener TL Salz
1 gehäufter TL Zucker
etwas Pflanzenöl
2 EL weißer Essig

1 In einer Schüssel Eigelb, Salz und Zucker mit einem Schneebesen verrühren. Nach und nach unter Rühren erst tropfenweise, dann in dünnem Strahl so viel Öl einlaufen lassen, bis die gewünschte Konsistenz erreicht ist.

2 Den Essig unter Rühren nach und nach einlaufen lassen.

Zubereitungszeit: 10 Minuten

Tipp:
Mit gepresstem Knoblauch erhält man eine wunderbare Knoblauch-Mayonnaise.

Die Mayonnaise gelingt am besten, wenn alle Zutaten Zimmertemperatur haben.

Vanillesauce

Zutaten
für 4 Personen

2 Vanilleschoten
½ l Milchersatz
100 g Zucker
2 Eier
1 Eigelb
1 EL Speisestärke

1 Die Vanilleschoten längs aufschneiden und das Mark mit einem Messerrücken herausschaben.

2 Den Milchersatz mit den ausgeschabten Vanilleschoten und dem Vanillemark in einen Topf geben. Einmal aufkochen, die Hitze reduzieren und die Flüssigkeit 15 Minuten ziehen lassen. Die Schoten entfernen.

3 In einer Schüssel Zucker, Eier, Eigelb und Speisestärke miteinander verrühren. Die heiße Flüssigkeit nach und nach unter Rühren in die Eiermischung ziehen.

4 Die Masse zurück in den Topf gießen und bei schwacher Hitze rühren bis kurz vor dem Aufkochen. Die Sauce abkühlen lassen.

Zubereitungszeit: 25 Minuten

Schokoaufstrich

Zutaten
für 1 Schraubglas

100 g laktosefreie edle Zartbitterschokolade
150 g weiche laktosefreie Margarine
200 ml Sojasahne
3 Tropfen Vanillearoma
40 g gemahlene Mandeln

1 Die Schokolade in einem Wasserbad schmelzen. Dafür einen Topf mit etwas Wasser füllen und eine Rührschüssel oder einen kleineren Topf hineinstellen. Die Schokolade in die Schüssel geben und das Wasser erhitzen; durch die indirekte Hitze schmilzt die Schokolade. Die Schüssel aus dem Wasserbad nehmen.

2 Die Margarine, die Sojasahne, das Vanillearoma und die Mandeln unter die geschmolzene Schokolade rühren.

3 Die Masse in ein Schraubglas füllen und abkühlen lassen. Der Schokoaufstrich ist 2 Wochen im Kühlschrank haltbar.

Zubereitungszeit: 20 Minuten

Info:

Für einen Zimtaufstrich 250 Gramm laktosefreie Margarine, 4 Teelöffel Zucker und 2 Teelöffel gemahlenen Zimt verrühren. Er passt wunderbar zu frischen Brötchen oder Rosinenstuten.

Thunfischaufstrich

Zutaten
für 1 Schraubglas

420 g Thunfisch im eigenen Saft (Dose)
10 Knoblauchzehen
250 g laktosefreie Margarine
1 EL dunkler Balsamico-Essig
1–2 EL Olivenöl
1 EL Zitronensaft, Salz, Pfeffer

1 Den Thunfisch aus der Dose nehmen und gut abtropfen lassen. Den Knoblauch abziehen und durch eine Knoblauchpresse drücken.

2 Thunfisch, Knoblauch, Margarine, Essig und Öl in eine Schüssel geben und mit einem Pürierstab pürieren.

3 Den Aufstrich mit Zitronensaft, Salz und Pfeffer würzen. In ein Schraubglas füllen und im Kühlschrank aufbewahren.

Zubereitungszeit: 15 Minuten

Knoblauchaufstrich

Zutaten
für 1 Schraubglas

8–10 Knoblauchzehen
½ Bund Petersilie
375 g laktosefreie Margarine
1 EL Zitronensaft
1 TL Salz
schwarzer Pfeffer

1 Den Knoblauch abziehen und durch eine Knoblauchpresse drücken. Die Petersilie waschen, trockenschwenken und fein hacken.

2 Knoblauch, Petersilie und Margarine in eine Schüssel geben und mit den Quirlen eines Handrührgerätes verrühren.

3 Den Aufstrich mit Zitronensaft, Salz und Pfeffer würzen. In ein Schraubglas füllen und im Kühlschrank aufbewahren.

Zubereitungszeit: 20 Minuten

Senfaufstrich

Zutaten
für 1 Schraubglas

250 g laktosefreie Margarine
5 EL mittelscharfer Senf
1 EL Zitronensaft
5 Eigelbe von hart gekochten Eiern
1 TL Salz, weißer Pfeffer
½ TL Selleriesalz

1 In einer Schüssel Margarine, Senf und Zitronensaft mit den Quirlen eines Handrührgerätes mischen.

2 Die Eigelbe mit einer Gabel zerdrücken und unter die gewürzte Margarine mischen. Den Aufstrich mit Salz, Pfeffer und Selleriesalz würzen.

3 Den Aufstrich in ein Schraubglas oder in ein anderes Gefäß mit Deckel füllen und bis zum Verzehr im Kühlschrank aufbewahren.

Zubereitungszeit: 15 Minuten

Vegetarischer Brotaufstrich

Zutaten
für 1 Schraubglas

200 g Sonnenblumenkerne
¼ Zwiebel
1 kleine Knoblauchzehe
1 TL laktosefreie Gemüsebrühe
1 EL Majoran
(frisch oder gerebelt)
100 ml Wasser
100 g weiche, laktosefreie
Margarine

1 Die Sonnenblumenkerne mahlen. Die Zwiebel abziehen und in sehr kleine Würfel schneiden oder auf einer Küchenreibe reiben. Den Knoblauch abziehen und durch eine Knoblauchpresse pressen.

2 Alle Zutaten zusammen mit 100 Milliliter Wasser in eine Schüssel geben und mit den Quirlen eines Handrührgerätes verrühren.

3 Den Brotaufstrich in ein Schraubglas oder in ein anderes Gefäß mit Deckel füllen und bis zum vollständigen Verzehr im Kühlschrank aufbewahren.

Zubereitungszeit: 20 Minuten

Tomaten-Kräuter-Aufstrich

Zutaten
für 1 Schraubglas

50 g Pinienkerne
3–4 Bund Basilikum
3 Knoblauchzehen
250 g Tomaten
40 g Semmelbrösel
80 ml Olivenöl
Salz
schwarzer Pfeffer

1 Die Pinienkerne in einer beschichteten Pfanne ohne Zugabe von Fett leicht rösten.

2 Das Basilikum waschen und die Blätter von den Stielen zupfen. Den Knoblauch abziehen und durch eine Knoblauchpresse drücken. Die Tomaten mit kochendem Wasser überbrühen, häuten, entkernen und würfeln.

3 Alle Zutaten in eine Schüssel geben und mit einem Pürierstab pürieren. In ein Schraubglas oder in ein anderes Gefäß mit Deckel füllen und im Kühlschrank aufbewahren.

Zubereitungszeit: 35 Minuten

Info:

Die Aufstriche dienen als Butterersatz und schmecken zu allen Brotsorten.

Hilfreiche Informationen

Anhang

Die folgenden Seiten sind zur schnellen Orientierung gedacht, um mit einer Laktoseintoleranz im Alltag gut umgehen zu können. Wertvolle Tipps zum täglichen Einkauf, Hinweise zu den wichtigsten Milchersatzprodukten sowie Angaben zur Kennzeichnung verpackter Lebensmittel erleichtern es, die richtige Wahl zu treffen. Zudem helfen das Sach- und das Rezeptregister, die in diesem Buch verwendeten Begriffe und Gerichte schnell zu finden.

Ein praktischer **Einkaufsführer**

Eine Laktoseintoleranz ist eine Nahrungsmittelunverträglichkeit, bei der die Verwertung von Milchzucker (Laktose) im Dünndarm gestört ist oder nicht stattfindet. Die Folge sind vielfältige Bauchbeschwerden und Unwohlsein. Laktose ist von Natur aus in der Milch aller Säugetiere (z. B. Kuh, Schaf, Ziege, Stute) enthalten. Da Laktose viele technologische Eigenschaften hat, wird sie industriell genutzt, etwa als Aromaträger, als Geschmacksverstärker, zum Binden von Wasser sowie zur Festigung, Volumen- und Gewichtserhöhung der Produkte. Deshalb können Brühe, Wurst, Erdnusscreme, Fertigprodukte, Paniermehl, Gewürze und selbst Zahnpasta Laktose enthalten!

Namen, hinter denen Laktose steckt

Laktose kann sich verbergen hinter: Butter, Butterreinfett, entrahmter Milch, Joghurtpulver, Kasein, Kaseinate, Kefir, Kondensmilchpulver, Lactalbumin, Lactoglobulin, Laktosemonohydrat, Laktose, Milchfett, Milchmischerzeugnis, Milchpulver, Milchzubereitung, Milchzucker, Molkeneiweiß, Molkenerzeugnis, Molkenprodukt, Molkenpulver, Rahm, Sahne, Sahnepulver, Sauermolke und -pulver, Süßmolke und -pulver, Vollmilchpulver und Zuckerstoffe (Laktit).

Ersatz für Milch und Milchprodukte

Haferdrink, Kokosmilch, Mandeldrink, Reisdrink, Sojadrink, Sojajoghurt, Sojapudding, Sojacreme und Kaffeeweißer auf Sojabasis sowie vegane (tierfreie) Produkte: z. B. Käse, Sahne und Schmand.

Wo kann man laktosefreie Lebensmittel kaufen?

Laktosefreie Produkte sind in Bioläden, Reformhäusern und gut sortierten Drogeriemärkten erhältlich. Seit der Lebensmitteldeklarations-Reform 2005 ist es für Betroffene aber auch leichter geworden, in Supermärkten einzukaufen, denn alle Inhaltsstoffe in zusammengesetzten Zutaten, die mehr als 2 Prozent des Gesamtproduktes ausmachen, müssen auf der Verpackung deklariert sein. Auch Internet-Vegan-Shops bieten laktosefreie Produkte an. Die als Milchersatz beliebte Kokosmilch gibt es in Asienläden zu kaufen.

Kennzeichnungspflicht für Verpackungen

Seit November 2005 schreibt eine neue EU-Richtlinie die Kennzeichnung der zwölf wichtigsten Auslöser von Nahrungsmittelunverträglichkeiten auf den Verpackungen von Lebensmitteln vor. Dazu zählen auch Milch und daraus hergestellte Erzeugnisse (einschließlich Laktose).

Arzneimittel

Laktose ist in den meisten Medikamenten und Arzneimitteln als Trägerstoff enthalten. Es empfiehlt sich, den Arzt zu bitten, ein Präparat mit gleichem Wirkstoff, aber mit Maisstärke als Trägerstoff zu verschreiben. Auch Globuli werden auf der Basis von Laktose hergestellt; alle homöopathischen Wirkstoffe gibt es aber auch als Tropfen.

Einkaufsliste

Lebensmittel	(nahezu) ohne Laktose	(meistens) mit Laktose
Milch	laktosefreie Milch	Milch von Kuh, Schaf, Ziege, Stute
Milchprodukte	laktosefreie Milchprodukte (Laktosegehalt < 0,1 Gramm pro 100 Gramm): laktosefreie Butter laktosefreier Frischkäse laktosefreier Fruchtjoghurt laktosefreier Kakao laktosefreier Käse in Scheiben und am Stück laktosefreie Milch laktosefreier Naturjoghurt laktosefreier Raspelkäse laktosefreie Sahne laktosefreier Scheiblettenkäse (Schmelzkäse) laktosefreier Schmand laktosefreier Schokoladenpudding laktosefreier Wiener Kaffee	konventionelle Milchprodukte, z. B. Buttermilch Crème fraîche Crème double Dickmilch Joghurt Kaffeesahne Kaffeeweißer Kakaogetränk Kefir Kondensmilch Milchreis Molke (Süß-/Sauer-, auch -pulver) Pudding Sahne (Rahm) Sahneeis, Sahnepulver
Käse	laktosefreie Käsesorten: Hartkäse (Bergkäse, Cheddar, Emmentaler, Gruyère/Greyerzer, Parmesan) Schnittkäse (Appenzeller, Edamer, Esrom, Gouda, Leerdammer, Tilsiter) Edelpilzkäse (Bavaria Blu) Weichkäse (Romadur, Weißlacker)	Frischkäse aller Art (auch -zubereitungen) Quark (Topfen) Hüttenkäse Kochkäse Schichtkäse Schmelzkäse
Fette	naturreine Pflanzenöle Margarine ohne Milchanteil	Standard-Margarine Butter
Fleisch und Fleischwaren	milchfreie Fleischwaren naturbelassenes Fleisch (ohne milch-/sahnehaltige Saucen)	Leberwurst Fleischkonserven, Fleischfertiggerichte Wurstaufschnitt, Wurstkonserven Würste, Würstchen
Fisch	naturbelassene Fische (ohne Sahnezubereitungen)	fertige Fischgerichte Fischzubereitungen mit Sahne
Nährmittel	Getreide, Mehl Haferflocken Reis, Kartoffeln natur	Instanterzeugnisse (Brühe) Müsli Kartoffelfertigprodukte wie Kartoffelpüree
Brot und Gebäck	alle Sorten, die ohne Milch, Milchpulver, Buttermilch, Molke etc. gebacken werden	alles was mit Milch, Milchpulver, Kasein, Molkenprotein oder Milchzucker gebacken wird, z. B. Milchbrötchen Kekse Knäckebrot Kuchen, Kuchen- und Brotbackmischungen Waffeln
Gemüse	naturbelassene Arten	Fertiggerichte, tiefgekühlt oder in Dosen
Süßwaren	naturbelassenes Apfelmus Honig klassische Konfitüre naturbelassenes Pflaumenmus	Eiscreme Sahnebonbons Schokolade Nuss-Nougat-Creme
Fertiggerichte		aller Art, auch Fertigsaucen und Mayonnaise

Sachregister

Rezeptregister

Impressum

Projektleitung
Susanne Kirstein

Redaktion
Dr. Ute Paul-Prößler

Bildredaktion
Annette Mayer

Umschlaggestaltung
R.M.E. Eschlbeck / Kreuzer / Botzenhardt

Layout
Andreas Rimmelspacher, Murnau

Satz und Projektrealisation
Andreas Rimmelspacher, Murnau

Reproduktion
Artilitho, Lavis-Trento

Druck
Těšínská Tiskárna, Český Těšín

Printed in Czech Republic

Gedruckt auf chlor- und säurearmem Papier

ISBN: 978-3-517-08280-6

817 2635 4453 6271

Die Autoren

Dagmar Kihm-Schreiber
ist als Ernährungsberaterin freiberuflich tätig. Selbst indirekt betroffen durch die angeborene Kuhmilcheiweißallergie und Laktoseintoleranz ihres Sohnes hat sie sich auf die Beratung bei diesen Erkrankungen, insbesondere bei Kindern, spezialisiert. Ihre Selbsthilfegruppe, die sie vor vielen Jahren gegründet hat, arbeitet bundesweit und im deutschsprachigen Ausland, um Betroffenen Rat und Hilfe anzubieten. Firmen, Instituten und Universitätskliniken, aber auch Lebensmittelherstellern ist Dagmar Kihm-Schreiber mit ihrer Erfahrung bei der Entwicklung neuer Produkte behilflich. Das erste Buch der Autorin »Laktose-Intoleranz und Kuhmilcheiweißallergie« ist im Südwest Verlag erschienen.

Priv.-Doz. Dr. med. Thomas Ochsenkühn
ist 1963 in München geboren, hat an den Universitäten Regensburg, New York und München studiert, wo er 1992 promoviert und approbiert hat. Anschließend war er als Stipendiat der Deutschen Forschungsgemeinschaft (DFG) für 2 Jahre an der University of California in San Francisco, wo er den Stoffwechsel intestinaler Dünndarmzellen untersucht hat. 1994 ist er nach München an die LMU zurückgekehrt und hat seit 1998 die Ambulanz für chronisch entzündliche Darmerkrankungen (CED) am Klinikum Großhadern aufgebaut, in der heute etwa 1.500 Patienten mit CED betreut werden. Seit 2002 leitet er die Ambulanz des CED-Zentrums der LMU-München. Im Jahr 2005 hat er über chronisch entzündliche Darmerkrankungen habilitiert und ist seit 2006 Privatdozent an der Medizinischen Klinik II der Universität München des Klinikums Großhadern. Er lebt mit seinen beiden 6- und 9-jährigen Kindern bei München. Sein Lieblingshobby ist Kochen.

Bildnachweis
Falken Verlag, München: 54 (Amos Schliack), 108 (Damir Begovic); Mauritius Images, Mittenwald: 20 (Haag + Kropp), 23 (imagebroker.net); Mosaik Verlag, München: 39, 49 (Karl Newedel), 59 (Ulrich Kerth), 87 (Angela Endress); Royalty Free: 2/3 (Getty Images/Digital Vision), 13 (Photodisc), 15 (Goodshoot), 19 (Imagesource); Südwest Verlag, München: U1, 61, 67, 73, 75 (Antje Plewinski), 8/9, 26/27, 29, 33, 34/35, 42/43, 50/51, 62/63, 70/71, 85, 88/89, 112/113, 120/121 (Michael Holz), 10 (Peter von Felbert), 16 (Nada Gotovac), 31 (Wolfgang Feiler), 45, 69, 103 (Martina Urban), 53 (Dirk Albrecht), 57 (Nikolaus Hermann), 65 (Rainer Hofmann), 79, 81, 105 (Rolf Seiffe), 91 (Ute Schoenenburg), 95, 117 (Michael Brauner), 99 (Karl Newedel), 100/101 (Eising Food-Photography/Martina Görlach), 115 (Oliver Schwarzwald), 118 (Klaus Arras)